はじめに

『ア

い村、

『くまのプ　ストファー・ロビンが遊んだ森、

『リトル・マーメイド』のアリエルが憧れた王子様の城、

『カールじいさんの空飛ぶ家』に登場した壮大な景色、…etc.

映画の舞台は、必ずしも実在するわけではなく、

また１つの場所とは限りませんが、

その面影を漂わせる世界の街やお城や大自然が、

ステキな旅に出るきっかけになれば嬉しいです。

ディズニー 映画の世界を旅する

COLUMN

Love&Adventure World
愛と冒険の旅へ

Lovely Character
大好きな癒しキャラを訪ねて

Location Map

ディズニー
映画の世界を旅するマップ

スコットランド
ダノッター城、アイリーン・ドナン城／P.63、
カラニッシュ、
キルトロックの滝／P.64
{メリダとおそろしの森}

ノルウェー
ボルグンド・スターヴ教会／P.76
{アナと雪の女王}

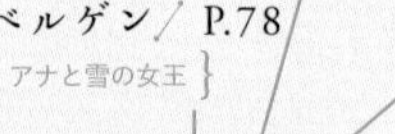

ベルゲン／P.78
{アナと雪の女王}

ノルウェー
ロフォーテン諸島／P.72
トロムソ／P.75
{アナと雪の女王}

ノルウェー
トロルの舌、ツヴィンデの滝、
プレーケストレーン／P.74
アーケシュフース城／P.76
{アナと雪の女王}

イギリス
ロンドン
／P.99,131,140
{ピーター・パン}{101匹わんちゃん}
{オリビアちゃんの大冒険}

イギリス
アッシュダウンフォレスト
／P.112
{くまのプーさん}

フランス
モン・サン＝ミシェル
／P.46{塔の上のラプンツェル}

フランス
シャンボール城／P.14,16
{美女と野獣}
ユッセ城／P.26,59
{シンデレラ}{眠れる森の美女}
ショーモン城／P.26
シュノンソー城／P.27
{シンデレラ}
ピエールフォン城／P.58
{眠れる森の美女}

ドイツ
ホーエンツォレルン城／P.59{眠れる森の美女}

ドイツ
ノイシュヴァンシュタイン城／P.25
{シンデレラ}

スイス
ション城／P.37{リトル・マーメイド}

ギリシャ
アテネ／P.32{アラジン}

フランス
パリ／P.133,135,139
{おしゃれキャット}{レミーのおいしいレストラン}
{ノートルダムの鐘}

フランス
コルマール／P.19、リクヴィル／P.20
{美女と野獣}

タンザニア
セレンゲティ国立公園、
ンゴロンゴロ自然保護区／P.117
キリマンジャロ国立公園／P.118
{ライオン・キング}

モロッコ
マラケシュ／P.30
{アラジン}

スペイン
アルカサル／P.43
{白雪姫}

ジンバブエ
ヴィクトリアの滝／P.119
{ライオン・キング}

映画の舞台は必ずしも実在するわけではないけれど、
美しい城や史跡、絵に描いたような大自然など、
大好きなディズニー映画を彷彿とさせる場所へ行ってみませんか？

中国
万里の長城 / P.52
{ムーラン}

中国
紫禁城 / P.33,53
{アラジン}{ムーラン}

日本
新橋・港区エリア、
東京駅丸の内駅舎
/ P.94 {ベイマックス}

ハワイ
カウアイ島 / P.88
{リロ&スティッチ}

ハワイ
オアフ島
デューク・カハナモク像 / P.88
{リロ&スティッチ}

タイ
コムローイ祭り / P.48
{塔の上のラプンツェル}

オーストラリア
グレート・バリア・リーフ、シドニー / P.124
{ファインディング・ニモ}

アメリカ
サンフランシスコ / P.92 {ベイマックス}

アメリカ
グランドティトン国立公園 / P.140
{アーロと少年}

アメリカ
モントレーベイ水族館 / P.127
{ファインディング・ドリー}

アメリカ
グレースランド / P.89 {リロ&スティッチ}

カナダ
ホテル・ドゥ・グラース / P.70
{アナと雪の女王}

アメリカ
ベライゾンホール / P.138
(フィラデルフィア管弦楽団)
{ファンタジア}

ベネズエラ
エンジェルフォール / P.102
ロライマ山 / P.104
{カールじいさんの空飛ぶ家}

ペルー
マチュピチュ / P.140
{ラマになった王様}

タヒチ(フランス領ポリネシア)
モーレア島 / P.84
{モアナと伝説の海}

Disney animation 100 years history

ディズニー・アニメーションの100年間

1920

1901年12月5日
ウォルト・ディズニー誕生

1923年 兄のロイ・O・ディズニーと会社を設立

1924年 「アリス・コメディー」シリーズ第1作『アリスの海の日』発表

1926年 社名をウォルト・ディズニー・スタジオとし、ハイペリオン通りにスタジオを構える

1927年 ミッキーの前身、シリーズ第1作「オズワルド・ザ・ラッキーラビット」公開

1928年 **『蒸気船ウィリー』**

1929年 「シリー・シンフォニー」シリーズスタート

1930年 プルート、デビュー

1932年 ★**『三匹の子ぶた』**
★**『花と木』**

1934年 ドナルドダック、デビュー

1937年 ★**『白雪姫』** ▸▸ P40

『白雪姫』

『シリー・シンフォニー』

1940

1940年 ★**『ピノキオ』**
★**『ファンタジア』** ▸▸ P.138

1941年 ★**『ダンボ』**

『ピノキオ』

『ファンタジア』

ミッキーマウスのデビュー作！

船長の帽子をかぶり、舵を握りしめたシーンから始まるこの映画は、ガールフレンドのミニーマウスや、宿敵のヤマネコであるキャプテン・ピートも登場。もちろん最後はハッピーエンドのミッキーマウスらしいストーリー。

『ダンボ』

1942年 **『バンビ』**

1943年 **『ラテン・アメリカの旅』**

1945年 **『三人の騎士』**

1946年 **『メイク・マイン・ミュージック』**
★**『南部の唄』**

1947年 **『こぐま物語／ミッキーと豆の木』**

1948年 **『メロディ・タイム』**

1949年 **『イカボードとトード氏』**

1950

1950年 **『シンデレラ』** ▸▸ P.22

1951年 **『ふしぎの国のアリス』**

『ふしぎの国のアリス』

1953年 **『ピーター・パン』** ▸▸ P96
「自然と冒険」記録映画シリーズ★**『砂漠は生きている』**公開

『ピーター・パン』

1954年 実写映画★**『海底２万哩』**公開
テレビ番組「ディズニーランド」スタート

1955年 **『わんわん物語』**
テレビ番組「ミッキーマウス・クラブ」スタート
アメリカ・アナハイムにディズニーランド・リゾート、オープン

1959年 **『眠れる森の美女』** ▸▸ P56

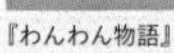
『わんわん物語』

『眠れる森の美女』

『101 匹わんちゃん』

1961年 **『101 匹わんちゃん』** ▸▸ P128

1963年 **『王様の剣』**

1964年 **★『メリー・ポピンズ』**

東京オリンピック

1966年 **ウォルト・ディズニー死去**

1967年 **『ジャングル・ブック』**

1970年 **『おしゃれキャット』** ▸▸ P132

『おしゃれキャット』

1971年 アメリカ・フロリダにウォルト・ディズニー・ワールド・リゾートオープン

ロイ・O・ディズニー死去

1981年 **『きつねと猟犬』**

1982年 CG 使用の実写映画**『トロン』**公開

ウォルト・ディズニー・ワールド、エプコットオープン

1983年 東京ディズニーランドオープン

1985年 **『コルドロン』**

1986年 **『オリビアちゃんの大冒険』** ▸▸ P140

1960

『ジャングル・ブック』

1970

1973年 **『ロビン・フッド』**

1977年 **★『くまのプーさん』** ▸▸ P108

『ビアンカの大冒険』

1980

1988年 **★『ロジャー・ラビット』**

『オリバー～ニューヨーク子猫ものがたり』

1989年 **★『リトル・マーメイド』** ▸▸ P34

ウォルト・ディズニー・ワールド、ディズニーMGM スタジオオープン

【凡例】映画公開年はアメリカでの公開年。
★印は、アカデミー賞®受賞作品。

Disney animation 100 years history

ディズニー・アニメーションの100年間

1990年 **『ビアンカの大冒険〜ゴールデン・イーグルを救え！』**

1991年 **★『美女と野獣』** ►► P.12

1992年 **★『アラジン』** ►► P28

1995年 **★『ポカホンタス』**

★『トイ・ストーリー』

1996年 **『ノートルダムの鐘』** ►► P.139

『101匹わんちゃん』の実写映画『101（ワン・オー・ワン）』公開

1997年 **『ヘラクレス』**

『ライオン・キング』ブロードウェイ・ミュージカルに

2000年 **『ファンタジア／2000』**

『ティガー・ムービー プーさんの贈りもの』

『ダイナソー』

『102（ワン・オー・ツー）』

『ラマになった王様』 ►► P.140

2001年 **『アトランティス / 失われた帝国』**

東京ディズニー・シーオープン

★『モンスターズ・インク』

1990 2000

1992年 フランスにディズニーランド・リゾート・パリオープン

1993年 **『ナイトメアー・ビフォア・クリスマス』**

1994年 **★『ライオン・キング』** ►► P114

1994年 『美女と野獣』ブロードウェイ・ミュージカルに

1998年 ウォルト・ディズニー・ワールド、ディズニー・アニマルキングダムオープン

『ムーラン』 ►► P.50

『バグズ・ライフ』

1999年 **★『ターザン』**

『トイ・ストーリー2』

『バグズ・ライフ』

『トイ・ストーリー2』

『ファインディング・ニモ』

2002年 **『リロ&スティッチ』** ►► P.86

『トレジャー・プラネット』

2003年 **『ファインディング・ニモ』** ►► P.122

★『ブラザー・ベア』

2004年 **『ホーム・オン・ザ・レンジ にぎやか農場を救え！』**

【凡例】映画公開年はアメリカでの公開年。
★印は、アカデミー賞®受賞作品。

2005年 香港ディズニーランド・リゾートオープン

『チキン・リトル』

★『Mr.インクレディブル』

2006年 『ライアンを探せ！』

『カーズ』

2007年 『ルイスと未来泥棒』

『レミーのおいしいレストラン』 ▶▸ P.134

『魔法にかけられて』

『Mr. インクレディブル』

『チキン・リトル』

『レミーのおいしいレストラン』

2010年 ディズニー・クルーズ・ライン就航

実写映画『アリス・イン・ワンダーランド』公開

★『トイ・ストーリー 3』

『塔の上のラプンツェル』

▶▸ P.44

2011年 『カーズ 2』

『くまのプーさん』

アウラニ・ディズニー・リゾート&スパ コオリナ・ハワイオープン

2012年 ★『メリダとおそろしの森』

▶▸ P.60

『シュガー・ラッシュ』

2013年 『モンスターズ・ユニバーシティ』

★『アナと雪の女王』

▶▸ P.68

『メリダとおそろしの森』

2015年 実写映画『シンデレラ』公開

『アーロと少年』

▶▸ P.140

2016年 ★『ズートピア』

実写映画『ジャングル・ブック』公開

中国上海にディズニーリゾートオープン

『ファインディング・ドリー』

『ズートピア』

『モアナと伝説の海』

『モアナと伝説の海』

▶▸ P.82

2017年 実写映画『美女と野獣』公開

『カーズ / クロスロード』

★『リメンバー・ミー』

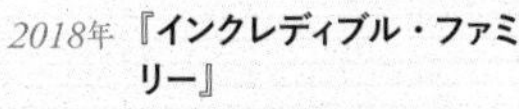

2010

2008年 ★『ウォーリー』

『ボルト』

2009年 ★『カールじいさんの空飛ぶ家』 ▶▸ P.100

『プリンセスと魔法のキス』

『カールじいさんの空飛ぶ家』

『ボルト』

2013年 『ウォルト・ディズニーの約束』

2014年 実写映画『マレフィセント』公開

★『ベイマックス』

▶▸ P.90

2015年 ★『インサイド・ヘッド』

『アナと雪の女王』

2018年 『インクレディブル・ファミリー』

実写映画『プーと大人になった僕』公開

『シュガー・ラッシュ：オンライン』

2019年 実写映画『ダンボ』公開

実写映画『アラジン』公開

実写映画『ライオン・キング』公開

実写映画『マレフィセント2』公開

『アナと雪の女王 2』

2020年 『2分の1の魔法』公開予定

実写映画『ムーラン』公開予定

Princess Story

プリンセス物語の旅へ

美女と野獣
Beauty and the Beast
シンデレラ
Cinderella
アラジン
Aladdin
リトル・マーメイド
The Little Mermaid
白雪姫
Snow White
and the Seven Dwarfs
塔の上のラプンツェル
Tangled
ムーラン
Mulan
眠れる森の美女
Sleeping Beauty
メリダとおそろしの森
Brave

Beauty and the Beast
美女と野獣

ベルと一緒の時間を過ごすうち、彼女を愛するようになった野獣は、召使いたちに促されてついに思いを告げる決意をする。美しく着飾った2人は晩餐を終えてダンスを楽しむ

STORY OF
Beauty and the Beast

魔法にかけられ野獣になった王子と本が好きな村娘のラブロマンス

ある夜、遠い国に暮らすわがままな王子は、老女に扮した魔女によって野獣の姿に変えられてしまう。魔法を解くには、魔女から渡された一輪のバラが散る前に、誰かを愛し、愛されなければならない。失意の彼が出会ったのは、読書と空想が大好きな娘のベル。父の身代わりに野獣に囚われたベルを、家具や食器に変身させられた城の召使いたちが歓迎する。ベルは野獣のやさしさに触れ、次第に心を許すように。野獣もまた、ベルを愛するようになり釈放する。やがて野獣の存在が街中に知れ渡り、城は襲撃されてしまう。深い傷を負った野獣に、ベルの愛は届くのだろうか。

いつだって本の世界に夢中のベルは、誰よりも美しく、それでいて風変りでミステリアス。街中の人にうわさされている

"I've never felt this way about anyone. I want to do something for her.

だれかに対して、こんな気持ちになるのは生まれて初めてだ。
彼女のために何かしてあげたい。一野獣"

Princess Story 美女と野獣

お腹を空かせたベルのために、ルミエールやポット夫人ら魔法の城の住人は歌とごちそうでもてなす。彼女は持ち前の空想力を働かせ、彼らを受け入れていく

禁じられたにも関わらず、西の外れの部屋に入ったベルは、バラの花を見つけ、野獣の激しい怒りを買ってしまう

ガストンは自分のプロポーズを頑なに断るベルの気持ちが野獣へと向いていることを知る。彼女を閉じ込め、野獣を退治するために村の住人を引き連れ城を目指すことに

ガストンに襲われた野獣は命を落としてしまうのだが、ベルの愛の力で王子の姿を取り戻す。2人がキスを交わした瞬間に、すべての魔法が解ける

＼フレンチ・ルネサンス様式の最高傑作／

フランス

シャンボール城

Château de Chambord

1519年、もとはブロワ伯の城館だったものを、国王フランソワ1世が狩猟用邸宅として大々的な増改築を行った。築城は王の権威を表しており、国庫の全てをかけたといわれる。歴代王が狩猟用に利用したが、居住には向いていなかった。現在の姿へと完成させたのはルイ14世であり、寝室などが今も残っている。

DATA

■交通：日本からフランス・パリのシャルル・ド・ゴール空港まで直行便で約12時間30分。空港からAusterlitz駅かBlois-Chambord駅までSNCF（フランス国鉄）で約1時間20分。駅からタクシーで約25分。シャトルバスもあり。

■住所：Château,41250 Chambord

彫像と365本もの塔で余すことなく装飾が施された屋根は圧巻

フランソワ1世の情熱が強く反映された ロワール河最大の城

城の前を流れるコッソン川はボートの貸出もあり、船上からの眺望も可能。水面に映る美しい城影を眺めていると、舞踏会の華やぐ灯りが目に浮かぶよう

『美女と野獣』のこのシーンをチェック！

魔女の魔法にかけられた城は、野獣の心情を表すかのように、辺りは荒れ果て、不気味な雰囲気を醸し出だしている。しかし王宮としての豪華さが映像の随所で確認できる。

ベルは行方不明になった父を探しに、父と一緒に出かけた愛馬のフィリップに案内されて城へとたどり着く。馬を降りて、城の中に入るベル

ガストンに狙われた野獣を助けるため、ベルは城へ戻る。手を差し出した瞬間、悲劇が！

物語の冒頭に「輝く城」として登場する王子の居城。シャンボール城同様、自然豊かな深い森の中に囲まれており、野生のシカの姿も見られる

365本もの尖塔が立ち並ぶ ルネサンス様式の最高の傑作

シャンボール城

Château de Chambord

▶▶ P.14

パリ市街地とほぼ同じ大きさの土地を約32kmの城壁が取り囲み、ロワール河沿いにある古城の中でも最大規模。城は幅約156m、奥行き約117m、部屋は440室あり、迷ってしまうほど広い。煙突の役割も持つ塔が、精巧な彫像とともに屋根を彩る。巨大な城を支える800本以上の柱には、外観のダイナミックな印象と裏腹に繊細な彫刻が刻まれている。

中央に位置するランタン塔。細部までこまやかに施された装飾は隙がなく、建築王フランソワ1世が注いだ、ルネサンス芸術への強い情熱を感じさせる

広大な公園は一般公開され、散歩やサイクリングも可能。バラの咲く庭園から城を仰ぎ見れば、たちまち物語の世界へと引き込まれる

レオナルド・ダ・ヴィンチが素案を設計したという二重螺旋階段は、上り下りする人がすれ違わない魔法のような構造になっている

ベルを親の身代わりに城へ閉じ込めた野獣は広大な城の中を案内する。ただし、西の外れの部屋にだけは行かないよう念を押す

ダンスを終えてバルコニーに出る2人。ベルは野獣との暮らしは楽しいと告げるが、病気の父に会えないさみしさを正直に伝える

野獣はあらゆる分野の本が揃う図書室をベルに贈る。ベルは文字を忘れた野獣にやさしく教え、いっそう心の距離を縮めていく

『美女と野獣』のこのシーンをチェック！

野獣がベルに心を開くと、不気味な印象でスタートした野獣の城が、王室ならではの豪華な城に変化していく。ベルを喜ばせようと開放したライブラリーや、ワルツを踊るボールルームなど。城内に注目したい。

アニメ映画史上初！

アニメーション映画で史上初めて第64回アカデミー賞®の作品賞にノミネートされた。作品賞の受賞は逃したものの、作曲賞と歌曲賞を受賞。「美女と野獣」の作詞を手がけたハワード・アシュマンは映画の製作者でもあり、作曲家アラン・メンケンとタッグと組んで『リトル・マーメイド』『アラジン』にも携わった。

まるでベルが暮らす街のよう フランスの小さな田舎町コルマール

バルコニーや出窓など、街のいたるところに花や観葉植物が飾られており、フォトジェニック。映画から飛び出した主人公が、いまにも石畳を駆けていきそう

DATA

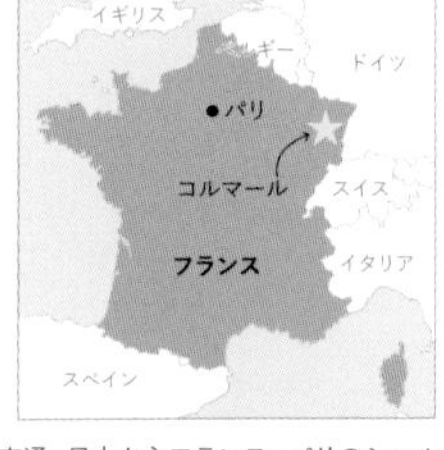

■交通：日本からフランス・パリのシャルル・ド・ゴール空港まで直行便で約12時間30分。空港からコルマールまでSNCF（フランス国鉄）で約3時間。

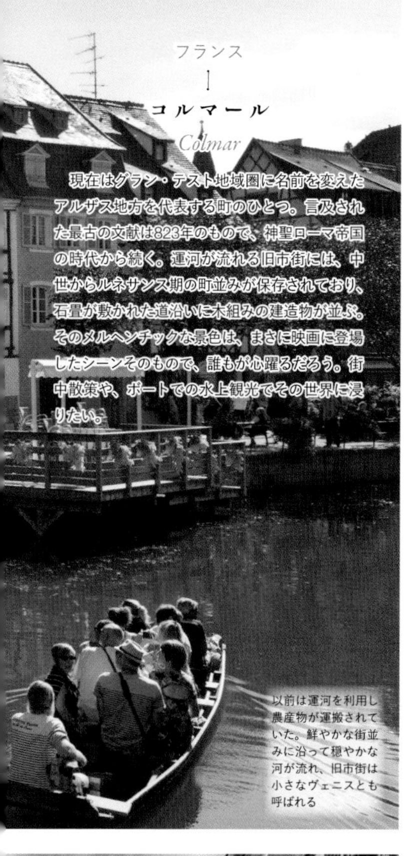

フランス
↓
コルマール
Colmar

現在はグラン・テスト地域圏に名前を変えたアルザス地方を代表する町のひとつ。言及された最古の文献は823年のもので、神聖ローマ帝国の時代から続く。運河が流れる旧市街には、中世からルネサンス期の町並みが保存されており、石畳が敷かれた道沿いに木組みの建造物が並ぶ。そのメルヘンチックな景色は、まさに映画に登場したシーンそのもので、誰もが心躍るだろう。街中散策や、ボートでの水上観光でその世界に浸りたい。

以前は運河を利用し農産物が運搬されていた。鮮やかな街並みに沿って穏やかな河が流れ、旧市街は小さなヴェニスとも呼ばれる

『美女と野獣』のこのシーンをチェック！

朝、発明家の父と暮らす家を出て、ベルはいつものように新しい本を探しに街へと繰り出す。橋を渡った先には、道沿いに色鮮やかな木組みの建物が並び、コルマールやリクヴィル（→P.20）の街並みを彷彿させる。

石畳が続くメインストリートには、パン屋さんや理容室、ベル行きつけの書店などが軒を連ねる。街は多くの人々でにぎわっている

書店の主人からお気に入りの本を譲り受けたベルは、ページをめくりながら空想にふける。よく似た噴水がコルマールの広場にもある

ほぼ中央にある旧税関広場には、コルマール出身の彫刻家、バルトルディが作成した像と、シュウェンディの噴水がある。旧税関はかつて町の行政・経済の中心となる重要な場所だった

コルマールからさらに アルザス地方の美しい村へ

フランス

リクヴィル

Riquewihr

コルマールの街から約10km北に位置する人口約1200人の小さな村。フランスでもっとも美しい村とされ、「ブドウ畑の真珠」という呼び名をもつ。村を囲む城壁の内側にはベージュや赤、青など、色とりどりのアルザス様式の民家が完全な状態で保存されており、16世紀の街並みをそのまま留めている。レストランやショップなどが立ち並ぶメインストリートは1時間ほどでゆっくり往復できるほどの規模だが、見どころは多い。

集落の四方を囲む二重の城壁が、村人と景観を戦火から守ってきた。1291年に建造された最初の壁には、防衛のための3つの塔が残っており、いずれも見学することができる

メインストリートの最奥に佇むのは、尖塔が特徴的なドルデーの塔。高さは25m、かつては監視塔だったが、現在は時計塔としての役割を果たしている

そこだけ時が止まったかのような集落は、ワインの名産地としても知られており、世界中からワイン好きが訪れるという。生産される8割は辛口の白ワインだ

170kmにおよぶアルザス・ワイン街道の中心に位置する。村を覆い隠すほどのブドウ畑が、アルザスの人々の生活を支えている

DATA

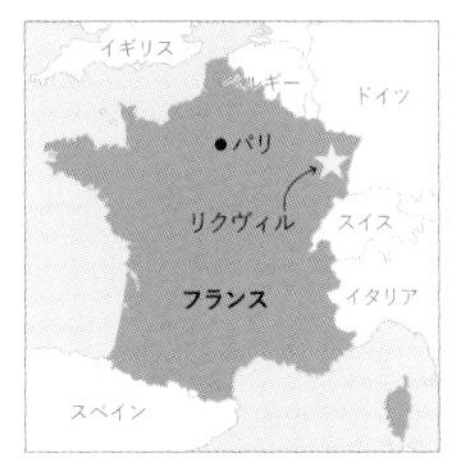

■交通：P.18のコルマールからリクヴィルまでバスで約30分。

Cinderella
シンデレラ

They can't order me to stop dreaming.

私が夢を見ることは、誰にもとめられないわ。ーシンデレラ

STORY OF Cinderella

信じ続ければいつか必ず願いは叶う
運命が導いたシンデレラストーリー

　昔あるところに、心やさしいシンデレラという娘がいた。父と母を亡くし、継母とその連れ子はシンデレラをメイド代わりに使っていた。ある日、王子の花嫁を探す舞踏会の招待状が届く。継母はシンデレラを行かせまいと仕事を押し付け、ドレスを引き裂いてしまう。悲しみに暮れるシンデレラの前に現れたのは、魔法使い。かぼちゃとねずみを馬車と白馬に変え、ガラスの靴とドレスを用意し、シンデレラを舞踏会へ行かせる。ひと目で恋に落ちた王子はシンデレラとワルツを踊る。魔法が解ける12時、鐘が鳴ると大急ぎで舞踏会を後にする。ガラスの靴を残して。

フェアリー・ゴッドマザー
Fairy Godmother

「夢を信じない人のもとへはあらわれないよ」、妖精はそういって呪文を唱える。姉たちに引き裂かれた服が、美しいドレスへと姿を変える

「ガラスの靴にぴったり合う娘を探し出せ」という王様の命で一晩中駆けまわった大公。小さなガラスの靴に、シンデレラの足は綺麗におさまった

美しいドレスに驚く継母と義姉たち。シンデレラのためにドレスを仕立ててくれる仲間が大勢いることなど、彼らには知る由もない

ドリゼラ
Drizella

アナスタシア
Anastasia

12時の鐘が鳴る夜道を、シンデレラをのせた馬車が駆ける。楽しい夢は覚め、魔法が少しずつ解けていく

王子との幸せなひと時に、魔法が解ける時間のことを忘れていたシンデレラ。大階段の途中にガラスの靴を置き忘れてしまう

中世貴族の憧れを抱く 山頂に聳える白亜の古城

ロマンあふれる
“新白鳥城”

フュッセンから直線で約4km、ホーエンシュヴァンガウの崖上に立つ。その浮世離れしたたたずまいは、ファンタジーの世界そのもの

国王のロマンを追い求めた城は、ロマンチック街道の終点にある。山の緑と白亜の対比は美しくも、王の突然の死により未完のままだ

ドイツ

ノイシュヴァンシュタイン城

Schloss Neuschwanstein

おとぎ話に出てきそうなこの美しい城を建てたのは、芸術を愛し、「狂王」の異名をもつ第4代バイエルン国王ルートヴィヒ2世。彼が心酔した音楽家リヒャルト・ワーグナーのオペラの題材となった中世騎士道物語の世界を具現化するために建てた城だ。王は城のデッサンを、城郭の専門家ではなく、宮廷劇場の舞台装置や美術を手掛けた画家のクリスチャン・ヤンクに一任。そのため、城の実用には適さない、王の趣味が最優先に反映された。

DATA

■交通：日本からドイツ・ミュンヘンのフランツ・ヨーゼフ・シュトラウス国際空港まで直行便で約14時間。空港からFussen駅までDB（ドイツ鉄道）で約3時間。Fussen駅から城の麓の村Hohenschwangauまでバスで約10分。村からバスで約10分。

■住所：Neuschwansteinstraße 20, 87645 Schwangau

継母に下働きを押し付けられながらも、夢をあきらめないシンデレラの目の先には、王子様が暮らす城が夜空に浮かんでいる

夜空に浮かぶ王子様の城。「信じていればいつか必ず夢はかなう」というシンデレラストーリーは、この映画から生まれた

『シンデレラ』のこのシーンをチェック！

シンデレラは部屋から見える城を見て、舞踏会へ行くことを決心する。妖精の魔法で馬車が現れ、ぼろぼろの服はステキなドレスに変身し、舞踏会の行われているお城へ向かう。夜空に聳える舞踏会会場に到着する。

憧れの王子様はシカゴなまり!?

王子様、プリンス・チャーミングの歌声を担当したのは、アメリカの人気テレビ番組で司会をつとめていたマイク・ダグラス。当初はプリンス・チャーミングの歌うシーンだけではなく、セリフも担当するはずが、シカゴなまりの喋り方だったために、ウォルトから声の出演をNGとされた。彼の出演については公表されてはいない。

シンデレラ城は ロワール河畔に点在する古城の融合?!

1992年以降、国際庭園フェスティバルが開催され、7・8月の金曜を除く毎夜の夜間見学にてLEDに照らされた入選作品を観賞できる

フランス

ショーモン城

Château de Chaumont

11世紀、ブロワ伯爵のユーデス2世によって建てられた城は、ゴシックとルネサンスの建築様式が融合したもの。敷地面積約20ha、造園家アンリ・デュシェンヌが設計した庭園も見どころだ。高台のテラスからは、ロワールの景色が眺望できる。7・8月の金曜は夜間の見学も可能で、約2000本のろうそくが城館をライトアップする。

DATA

■交通：日本からフランス・パリのシャルル・ド・ゴール国際空港まで直行便で約12時間30分。空港からOnzain - Chaumont-sur-Loire駅までRER（高速鉄道）、SNCF（フランス国鉄）などで約3～4時間。駅から車で約10分。
■住所：41150 Chaumont-sur-Loire

フランス

ユッセ城

Château d'Ussé

11世紀頃に要塞として築城、15世紀にシャルル7世の重臣であったピュイエ伯によって改築された。古典様式、ルネサンス様式、ゴシック様式など、さまざまな建築様式を取り入れている。シノンの森に囲まれ、アンドル川にかかる橋から眺める全景が美しい。

DATA

■交通：シャルル・ド・ゴール国際空港からTours駅までRER（高速鉄道）、SNCF（フランス国鉄）のTGVなどで約2時間30分。駅から車で約40分。
■住所：Château d' Ussé 37420 Rigny-Ussé

外観の美しさはもちろんのこと、城内やギャラリーには当時の絵画や調度品が並ぶ。部屋には16世紀を生きた者たちの面影も残る

フランス

シュノンソー城

Château de Chenonceau

ロワール河の支流、シェール川に浮かぶように建てられた城。16世紀、財政出納官を務めたトマ・ボイエが邸宅を買収したのち、再建した。ボイエの妻カトリーネ・ブリソネをはじめ、何代にも渡り女性が城主として君臨したことから、別名「6人の奥方の城」とも呼ばれる。多くの女性を魅了した美しい佇まいは、水辺の白鳥に例えられる。

DATA

■交通：シャルル・ド・ゴール国際空港からSaint-Pierre-des-Corps駅までRER（高速鉄道）、SNCF（フランス国鉄）のTGVなどで約2時間10分。駅から車で約35分。
■住所：37150 Chenonceaux

童話作家のシャルル・ペローがインスピレーションを受けたおとぎの古城。内部には物語のシーンを再現した蝋人形が飾られている

Aladdin
アラジン

ロマンチックな満月は、ランプの魔人ジーニーの配慮。アグラバーの街を魔法のじゅうたんに乗りながら寄り添うアラジンとジャスミン

いつものようにアラジンは盗みを働く。しかし自分より飢えた子どもたちを見ると、食べるために盗んだパンさえ与えてしまうやさしい心の持ち主だ

２つに割れた金色のカブトムシを合わせると、魔法のランプが隠された魔法の洞窟へと導いてくれる。ただし入ることを許されたのは、アラジンだ。

Such a thing would be greater than all the magic and treasuers in the world.

どんな魔法もどんな宝物も自由にはかなわない！—ジーニー

偶然に市場で出会った美しい女性に一目ぼれするアラジン。彼女は王宮から抜け出してきたプリンセスだ。世間知らずなことから盗人呼ばわりされた彼女を救う

STORY OF Aladdin

魔法のランプを手に入れたアラジンは、ジーニーに王子にするように願い、アリ・アバブワ王子になりすまし、王宮を目指す。そしてアラジンとジャスミンの2人は再会する

３つの願いを叶える魔法のランプをめぐって身分を超えた恋と友情が始まる

王国の支配をたくらむ大臣ジャファーは魔法のランプを探していた。そのランプを手に入れたのは貧しくとも清らかな心を持つアラジン。ある日、街で出会ったジャスミンに恋をする。彼女が王妃であることを知ると、ランプの魔人ジーニーに王子になれるよう願い事をする。王子になったアラジンはジャスミンを誘い、魔法のじゅうたんに乗って「世界を見に行こう」と誘う。その頃、ランプを手に入れ損なったジャファーは、ジャスミンと結婚して王位につこうと画策。さらに魔法のランプを手に入れジャファーは世界最強の魔人となり、王国は大ピンチに陥る。

迷路のように建物が密集する
イスラム文化が栄えた迷宮都市

美しい模様のベルベルじゅうたんをはじめ、かわいい手工芸品や日用品が揃う

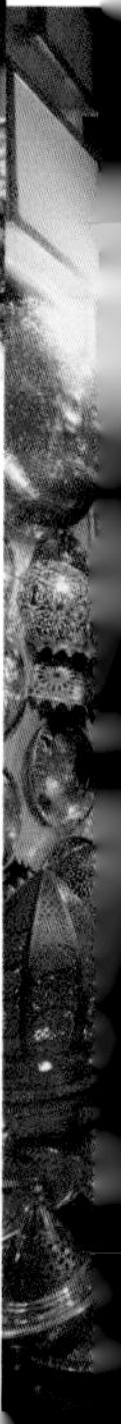

エスニックな香りが漂う市場の一角で、カラフルなスパイス売り場を発見。モロッコの伝統料理に欠かせない食材の数々も手に入る

モロッコ
↓
マラケシュ
Marrākish

モロッコ中央部、アトラス山脈の麓に広がるオアシス都市。1070年、イスラム王朝ムラービト朝が首都を置き、12世紀前半には全長約20kmの城壁に囲まれた旧市街が築かれた。今も昔も街の中心はジャマーア・エル・フナ広場。午前中から露店が並び、午後から大道芸人のオン・ステージが始まり、夕刻にはモロッコ料理の屋台が登場して盛り上がりは最高潮を迎える。

DATA

■交通：日本からモロッコ・マラケシュのマラケシュ・メナラ空港まで乗継便で 約18～30時間。空港から市内中心部へはバスで約30分。

屋台が並ぶ広場は毎日がお祭り騒ぎ

世界遺産にも登録されたマラケシュの中心部、フナ広場。日が暮れ始めると、数えきれないほどの屋台がひしめくグルメ天国になる

フナ広場の北側に広がるスーク(市場)は、国内でも最大規模。網目のように張り巡らされた狭い路地に商店がひしめき、宝探し感覚で買い物を楽しめる

『アラジン』のこのシーンをチェック！

アラジンは魅惑の街、アグラバーの下町に住む陽気な好青年。パンを盗み、逃げ回る街は、イスラム文化圏を中心にインド、ギリシャ、モロッコなど、さまざまな国を融合し、『アラジン』ならではの架空の舞台が成立。

アグラバーの街に聳える宮殿は、イスラム文化圏でよく目にする玉ねぎ型のモスクなどがモチーフになっているようだ

アラジンが暮らすアグラバーの街は、迷路のように密集する土色の建物が並ぶ。その様子はまるでモロッコのマラケシュを思わせる

盗人に間違えられたジャスミンを救うアラジン。場所は賑やかな市場街。その賑やかさはモロッコやトルコのグランバザールそのもの

あの名優のアドリブに注目！

ランプの魔人ジーニーの声を担当したのは、俳優のロビン・ウィリアムズ。ジーニーのまくしたてるようなトークは、ほとんどがアドリブで行われた。この伝説的とも言われているアフレコ映像は米国で発売されているブルーレイ版『アラジン』に収録されている。まさにロビン・ウィリアムズのために作られたようなキャラクターだった。

ギリシャ神話の女神を祀る
建築物の原点となる遺跡が残る街

市街を見守る
神々の大地

アクロポリスの丘に聳える神殿。その内部には高さ12mにもなる豪華なアテネ像が祀られていたという

ギリシャ

アテネ

Athene

ギリシャの首都アテネ。西洋文明のオリジナルともいえる壮大な歴史遺産を数多く要する都市だ。なかでも、アテネのアクロポリスは高さ70mほどの丘の上に広がる古代ギリシャの聖域。紀元前5世紀ごろにパルテノン神殿をはじめとする神殿や劇場が建設され、都市国家アテネの反映を見守り続けてきた。

DATA

■交通：日本からギリシャ・アテネのエレフセリオス・ヴェニゼロス国際空港まで経由便で約16時間。空港からAkropoli駅まで地下鉄で約40分。駅からアクロポリスの丘までは徒歩約10分。

幅約31m、奥行き約70mの基壇を取り囲むように、46本の円柱を配置したパルテノン神殿。基壇や円柱は微かに曲線を描いており、建造物を見上げる者への重圧感を和らげている

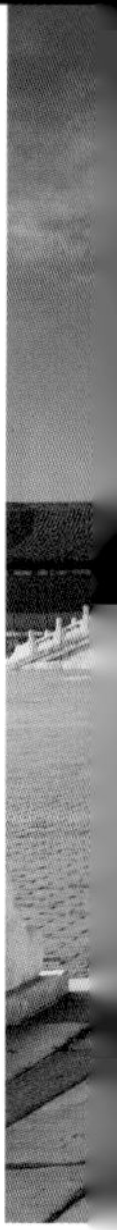

南北961m、東西753m、敷地面積は72万㎡に及び、周囲を高さ10mの城壁が取り囲む。広場は数千人の官吏が並べるほどで、木造建築の宮殿群としては世界一の大きさ

中国

紫禁城

Forbidden City

明朝第3代皇帝の永楽帝が14年かけて造営した宮殿。明清492年間、24人の皇帝が暮らしたが、現在は故宮博物院に。8704室の部屋室を抱えた中国最大の木造宮殿群であり、内部は迷宮のように入り組む。中心に位置する外朝は、高さ2mの基壇に聳え立つ紫禁城のシンボルだ。なかでも重要な大礼を行った主殿の太和殿は圧巻。

DATA

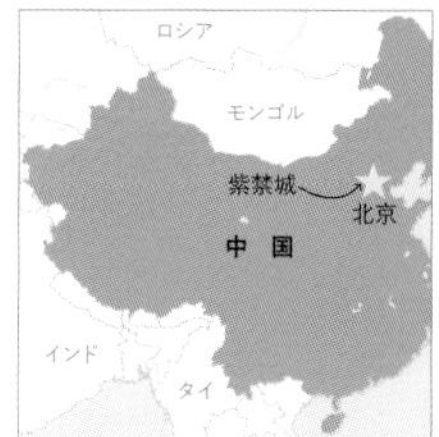

■交通：日本から中国・北京の北京首都国際空港まで直行便で約4時間。空港から天安門東駅までエアポート・エクスプレス、地下鉄で約1時間。天安門東駅から徒歩約15分。
■住所：
4 Jingshan Front St, Dongcheng Qu,Beijinshi, China 100006

『アラジン』のこのシーンをチェック！

魔法のじゅうたんでジャスミンの部屋へ赴いたアラジンは、「本当は何者なの？」の問いに、本当の身分を明かせないまま空の旅へと彼女を誘う。飛んでいく先は、エジプトやギリシャ、中国など、世界各国の名所旧跡だ。

「僕を信じて」というアラジンの言葉に心を動かされたジャスミンは、美しい星空の中、魔法のじゅうたんで旅にでる

小高い丘の上に見えるのは、遠い昔に建てられた神殿。魔法のじゅうたんに乗って低空飛行で通り過ぎていく

宮殿の屋根の上で高みの見物をするアラジンとジャスミン。語り合い見つめ合いながら、ふたりの仲は急接近する

最後にたどり着いたのは、中国だろうか。ふたりを歓迎するかのように、花火が打ち上がり、龍の舞が行われている

The Little Mermaid
リトル・マーメイド

ボートを漕ぎだすエリックとアリエル。2人がキスできるようセバスチャンがラブソングを歌いムードを盛り上げるのだが邪魔が入る

アリエルにとって唯一の人間の情報源であるスカットル。アリエルがフォークを差し出すと"これは髪をとかす髪すき"だと、いつもデタラメを言う

エリック王子の誕生日を祝う船上パーティ。執事のグリムズビーはエリック王子に銅像をプレゼント。エリックも愛犬のマックスもあきれ顔に

Watch and you'll see. Someday I'll be part of your world.

見ていて、いつか私はきっとあなたの世界の一員になるから。ーアリエル

アースラ
Ursula

王宮を追放されたアースラ。フロットサムとジェットサムを手下に、アリエルを人質にして、海の支配者になろうと企んでいる

胸キュンシーン

トリトン王
King Triton

アリエルとの契約書には魔法がかかっているため、トリトン王のトライデントの力でもやぶくことはできない。アースラはトリトン王から権力を奪う

Princess Story
リトル・マーメイド

STORY OF The Little Mermaid

人間の世界にあこがれる人魚姫アリエルが
王子様と出会い恋に落ちるラブストーリー

海を支配するトリトン王の末娘アリエルは、人間の世界に憧れる16歳のプリンセス。エリック王子に恋をしたアリエルは、海の魔女アースラにそそのかされて、美しい声と引き換えに人間の足を手にいれる。ただし3日以内にエリックとキスをしなければ、アリエルの身柄を拘束し、トリトンから王の座を奪うつもりだ。約束の期限が迫る中、アースラの手下のフロットサムとジェットサムは2人がキスしないように邪魔する。危機迫るトリトン王を救うエリック王子。アリエルとエリック王子の恋の行く末は…。

エリック王子との食事シーンで、シェフのルイに調理されそうになったセバスチャンが、グリムズビーの皿からアリエルの皿へと逃げる

グリムズビー
Grimsby

エリック王子はアースラから王の座を奪われたトリトン王を救う。するとトリトン王はアリエルを人間に変えて、エリック王子との結婚を許すことにした

エリック王子
Prince Eric

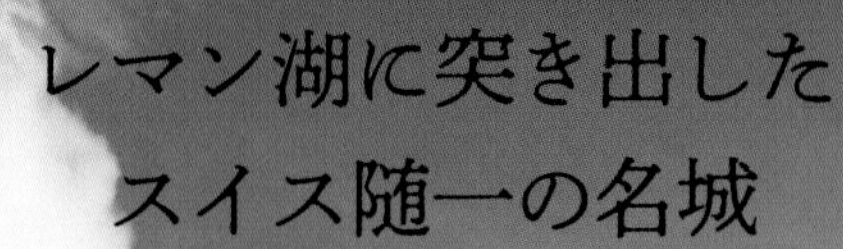

その姿は通称
“レマン湖の宝石”

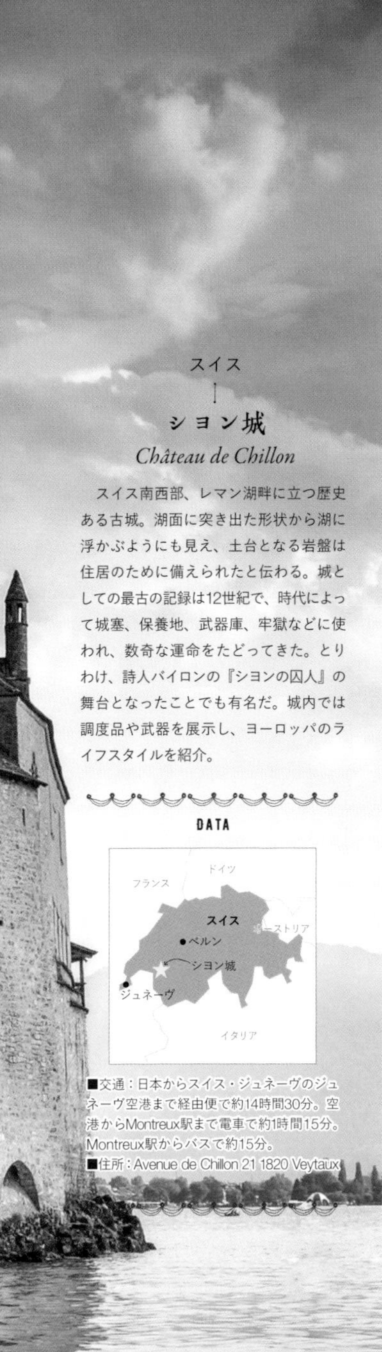

レマン湖のクルーズで、船上から見ることも可能。アルプスの山々に抱かれた美しい姿は、「レマン湖の宝石」ともたとえられている

スイス

ション城

Château de Chillon

スイス南西部、レマン湖畔に立つ歴史ある古城。湖面に突き出た形状から湖に浮かぶようにも見え、土台となる岩盤は住居のために備えられたと伝わる。城としての最古の記録は12世紀で、時代によって城塞、保養地、武器庫、牢獄などに使われ、数奇な運命をたどってきた。とりわけ、詩人バイロンの『ションの囚人』の舞台となったことでも有名だ。城内では調度品や武器を展示し、ヨーロッパのライフスタイルを紹介。

DATA

■交通：日本からスイス・ジュネーヴのジュネーヴ空港まで経由便で約14時間30分。空港からMontreux駅まで電車で約1時間15分。Montreux駅からバスで約15分。
■住所：Avenue de Chillon 21 1820 Veytaux

白い壁にオレンジ色の屋根の建物はエリック王子が暮らす城。映画の中で、昼間、夕方、夜更けと様々な時間帯で見ることができる

スカットルが慌てて、アリエルのいる城へ。スカットルの目線で上空から見ると、映画では城に横付けできる桟橋があるのがわかる

『リトル・マーメイド』の このシーンをチェック！

アリエルはアースラに声と引き換えに人間の足をもらい、浜辺に泳ぎ着く。そこはエリック王子が暮らす城のそば。偶然浜辺にいたマックスとエリック王子は、アリエルを見つけて、城へ案内することになる。

かわいい仕草のヒミツ

エリック王子の前でクシと勘違いしてフォークで髪の毛をとかしたり、パイプを楽器と間違えて吹いたりするアリエル。そのかわいい動きは、アリエルの実写モデルを務めた女優シェリー・ストナーによるもの。劇中の動きをシェリーに演じさせ、その映像を参考に作画が行なわれているのだ。ブルーレイ版の特典映像としてその映像が収録されている。

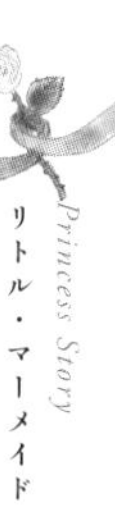

清く、正しく、美しく

キャラクター性を反映した ディズニープリンセスのドレスコーデ

プリンセスがドレスアップするシーンは、ディズニー映画の見せ場のひとつ。中世ヨーロッパスタイルや民族衣装など、個性豊かなドレス姿で誌面ファッションショーを開催！

ダンスシーンの華やかなドレスにくぎ付け

質素な装いから一変、城ではカラフルなドレスを身にまとう。なかでも野獣とのダンスで着た黄色のドレスは、とびきりゴージャス。オフショルダーが大人っぽく、ボリュームのあるスカートはステップに合わせて揺れる。

海の底でひと際輝くマーメイドの姿

パープルの貝殻を身に着け、時には海草を髪飾りにするなど、海ならではのおしゃれを楽しんでいる。赤いロングヘアと、ヒップから尾びれにかけてのグリーンの下半身の対比が鮮やか。人間の世界で見せるドレス姿も素敵。

エキゾチックな魅力満点のツーピース

ブルーのアラビア風ツーピースが、賢く行動派な彼女の基本スタイル。肩やウエストを露出したトップスに対し、パンツはしなやかな素材でゆったり。宝石のついた髪飾りや金色のイヤリングなどがアクセントになっている。

Cinderella
シンデレラ
Cinderella

12時を過ぎるとはかなく消える魔法のドレス

瞳の色に合った水色のドレスは、袖の膨らみや手袋でプリンセスらしさを強調。ティアラを思わせるヘアバンドやチョーカーなどアクセサリーもシンプルで、本人の美しさを引き立てている。ガラスの靴の甲にはハートの飾りが。

Snow White
白雪姫
Snow White and the Seven Dwarfs

純真無垢な性格を表す クラシックスタイル

後ろに立てた大きな白い襟、模様入りのバルーンスリーブ、ウエストから切り替えたフレアスカートが特徴的。赤いリボンのついたカチューシャが、まだ12歳の少女のあどけなさを感じさせる。外出時にはマントを羽織る。

Rapunzel
ラプンツェル
Tangled

細部までこだわった ラベンダーカラーのドレス

上半身は編み上げスタイルで、彼女の華奢なスタイルを際立たせる。襟元や袖口、裾には細かいレースが、スカートには模様が入っており、手の込んだ作りのようだ。ブロンドの長い髪を生かしたヘアアレンジも憧れの的。

Mulan
ムーラン
Mulan

あでやかな古代中国の 花嫁衣装を披露

スレンダーなアジアンビューティーのムーランは、花嫁衣装も良く似合う。長い袖、太い帯、歩くたびに揺れる羽衣のようなショールが特徴で、髪をアップして顔は白塗りに。鎧をまとった勇ましい男装とのギャップが見もの。

Merida
メリダ
Brave

Aurora
オーロラ
Sleeping Beauty

金色に輝くティアラが 王家の血筋を証明する

ディズニー映画で唯一ティアラを身に着けたプリンセス。これは王族の証として16歳の誕生日に妖精から贈られたもの。襟が肩まで開いたエレガントなドレスは、最後のダンスシーンでブルーからピンクへ変化。

おてんば王女お気に入りの 一着は深い森の色

馬にまたがり森を駆け巡る彼女には、華美な装飾は不要。上半身はタイト、スカートはフレアタイプで、動きやすさ重視のよう。高級感のある素材や甲まで届くポインテッド・スリーブが、王女らしい気品も兼ね備えている。

Snow White and the Seven Dwarfs
白雪姫

魔女
Witch

白雪姫
Snow White

女王が老婆に変身し、白雪姫のいる七人のこびとの家へ。毒りんごを差し出して、ひと口食べると、白雪姫の呼吸が止まり、倒れ込む

胸キュンシーン

"Always remember to be happy because you never know who's falling in love with your smile."

いつだって幸せになることを忘れないで。
あなたの笑顔に誰が恋するかも分からないから―白雪姫

女王
Queen

魔法の鏡に「世界で一番美しいのはだれ?」と問う女王。鏡が「白雪姫」と答えると手下に「心臓をくりぬいてもってこい」と命じる

王子
Prince

こびとが白雪姫の死を知って悲しんでいると、そこへ白馬に乗った王子がやってくる。白雪姫にキスをすると息を吹き返し、目を覚ます

七人のこびと
The Seven Dwarfs

鉱山でひと仕事終えて家に帰る七人のこびと。家に帰るとかたづいている部屋を見て、誰かいることに気が付く。こびとたちの寝室には白雪姫がいた

継母である女王は、王女である白雪姫を下働きのように扱っていた。それでもめげずに白雪姫は笑顔を絶やさなかった

STORY OF

Snow White and the Seven Dwarfs

女王である継母に美しさを妬まれ命を狙われる美しい少女の物語

昔、ある城に白雪姫という美しい王女が暮らしていた。ある日、継母であり恐ろしい魔女でもある女王が、魔法の鏡に尋ねると、「世界で一番美しいのは白雪姫」と答えた。怒り狂った女王は白雪姫の暗殺を企てる。白雪姫は森の中をさまよい、命からがらたどり着いたのはこびとの家。そこで楽しく暮らしていると、生きていることを知った女王が、老婆に化けて毒リンゴを食べさせる。ひと口食べたとたん、永遠の眠りにつく白雪姫。時は過ぎ、かつて白雪姫にひと目ぼれして以来、彼女の行方を探し続けていた王子が白雪姫を探し出し口づけする。すると魔法が解けて白雪姫は息を吹き返すのだった。

1000年の歴史を感じる
＼スペイン随一の名城／

歴代の王が増築を繰り返し完成した断崖に聳えるスペインの王宮

スペイン

アルカサル

11世紀にイスラム教徒が基礎を築いたセゴビアの城塞。旧市街地の一帯が世界遺産に登録されており、約100mの断崖に立つこの城も含まれる。1862年に大部分が焼失、修復され現在の姿となった。メルヘンチックな外観ながら、要塞や牢獄、軍事学校としても活躍。波乱万丈なバックグラウンドが、重厚な雰囲気を醸し出している。

DATA

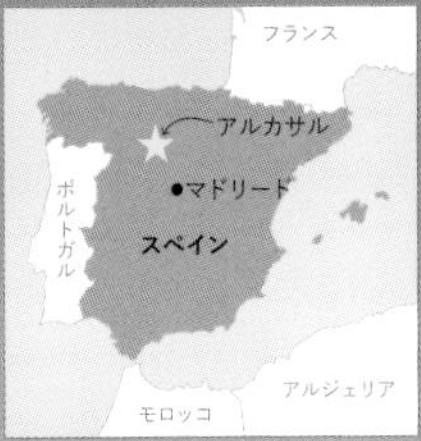
フランス
アルカサル
ポルトガル
●マドリード
スペイン
アルジェリア
モロッコ

■交通：日本からスペイン・マドリードのアドルフォ・スアレス・マドリード・バラハス空港まで直行便で約14時間30分。マドリードのモンクロア・バスターミナルからセゴビアまでバスで約1時間。セゴビア中心部のCatedralから徒歩約3分。
■住所：Plaza de la Reina Victoria Eugenia s/n, Segovia

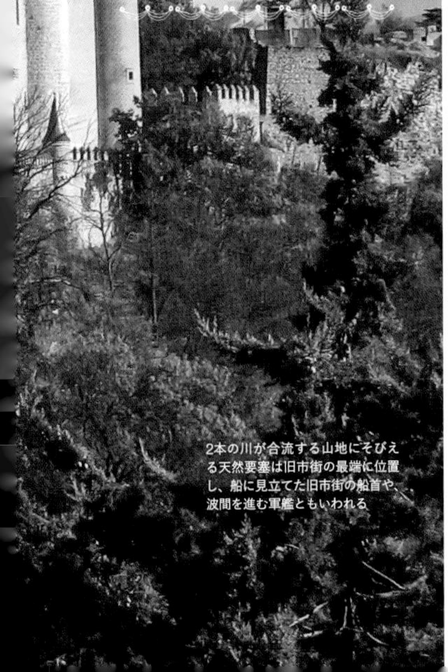

2本の川が合流する山地にそびえる天然要塞は旧市街の最端に位置し、船に見立てた旧市街の船首や、波間を進む軍艦ともいわれる

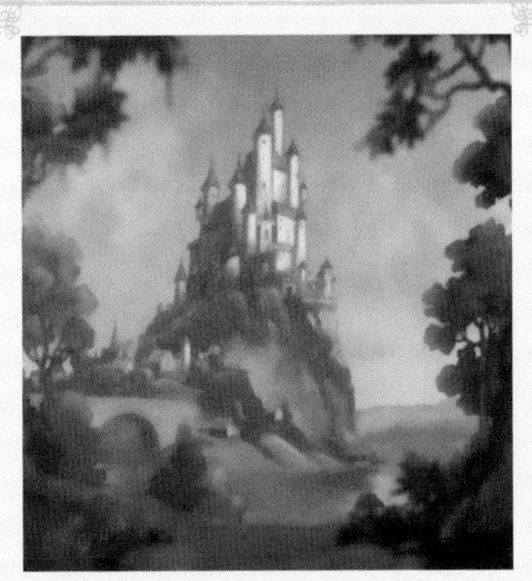

白雪姫と女王が暮らす城。井戸で水汲みをする白雪姫を見て、雪のように白い美しい肌を常に妬んでいた

『白雪姫』のこのシーンをチェック！

断崖の上に高くそびえる白雪姫の城。中世ヨーロッパの城を思わせる、尖塔、城壁によって守られ、自然があふれる山の頂上に立っている。地下には女王の魔法の実験室があり、女王は醜い老婆に変わり、毒りんごを作る。

トリビアCOLUMN

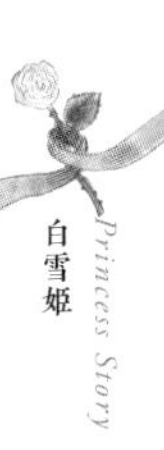

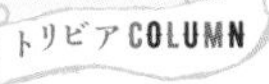

なんと本社のスタジオに…！

世界初の長編アニメーション映画。1937年に公開し、当初の世界的な興行収益は850万ドルという大ヒットをおさめる。この映画がディズニー社にとっても特別であることを、実は本社スタジオのビルが示している。ビルは「チーム・ディズニー・ビルディング」と呼ばれ、7人のこびとたちの巨大な像が柱となり屋根を支えているのだ。

白雪姫
Princess Story

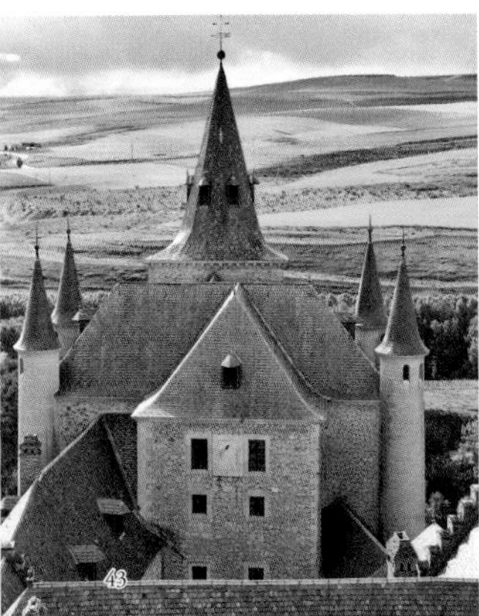

ウマイア朝時代にイスラム教徒が建てた要塞を、イベリア半島を奪還したキリスト教徒が改築。異なる文化が美しく融合している

Tangled
塔の上のラプンツェル

ラプンツェルの誕生日の夜、毎年、山の向こうに無数の灯りが夜空に舞い上がるのを見て、ラプンツェルはその光景を塔の壁に描いていた

ラプンツェル
Rapunzel

アリアナ王妃
Queen Arianna

フレデリック国王
King Frederic

ラプンツェルの誕生を祝い、国王と王妃はランタンを夜空に飛ばした。それは誘拐されて以降18年間、王女が無事に戻るようにと願う風習となった

ゴーテル
Mother Gothel

ラプンツェルの髪は歌うと光り輝く、傷を癒す魔法の髪。ゴーテルは独り占めしようと、母親になりすまし、深い森の塔の上に閉じ込めている

胸キュンシーン

空に浮かぶ不思議議な灯りを見に行くため、長さ約24メートルの長い金髪の髪を使って、塔の下へと降りていくラプンツェル

スタビントン兄弟
Stabbington Brothers

ゴーテルはラプンツェルを取り戻すために、「お尋ね者のフリンに仕返しをしない?」と、フリンに裏切られたスタビントン兄弟と取引をする

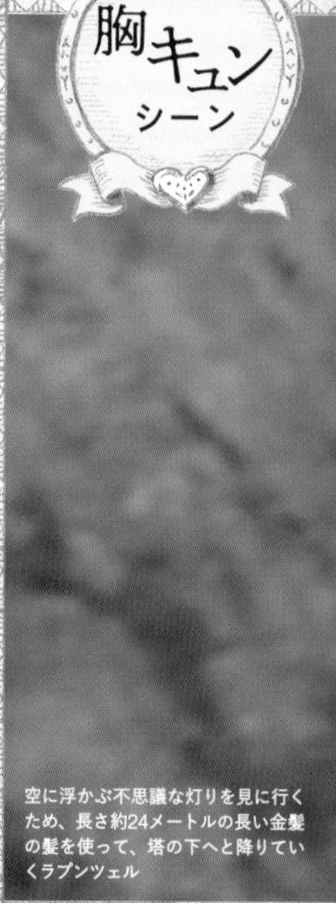

STORY OF
Tangled

塔の外の世界を知らない
プリンセスと大泥棒の大冒険

歌を歌うと若さを取り戻し、傷を癒し病気を治す魔法の花を、老婆のゴーテルは何百年もの間隠し持ち、若さを維持してきた。その魔法の花の力を持って生まれたのが王女ラプンツェルだ。ゴーテルはその魔法の花の力を独り占めしようとラプンツェルを誘拐。森の奥の塔に閉じ込めて我が子として育てていた。18年間も外に出たことのないラプンツェルは、自分の誕生日に夜空に浮かぶ無数の灯りが気になるように。ある日、塔にお尋ね者のフリンが侵入。ラプンツェルは取引をしてフリンを案内役につけ、夜空に浮かぶ灯りを見に行く。そして2人の冒険と恋が始まる。

フリン・ライダー
（本名：ユージーン・フィッツハーバート）
Flynn Rider
Eugene Fitzherbert

王女のティアラを盗み、追っ手から逃れて塔に侵入し、ラプンツェルに叩きのめされる大泥棒のフリン。長い髪に結ばれて、身動きが取れない

パスカル
Pascal

城へ向かう途中立ち寄った酒場で出会ったのは荒くれ者たち。泣く子も黙るコワモテ揃いだが、叶えたい夢を持っている

And what if it is? What do I do then?

夢がかなってしまったら、次は何をしたらいいの？―ラプンツェル

That's the good part, I guess. You get to go find a new dream.

それが楽しいんじゃないか、また新しい夢を探せばいいのさ。
―フリン・ライダー

大天使が舞い降りた 最も美しい海の修道院

フランス

モン・サン=ミシェル

Mont Saint-Michel

対岸の街アヴランシュより約5km、サン・マロ湾上に聳えるカトリックの巡礼地。司教オベールが8世紀に建立、10世紀半ばから18世紀にかけ増改築が繰り返された。中心の高い塔が修道院付属聖堂。内部は立体迷路のように入り組み、ゴシック様式の内陣やロマネスク様式の身廊など、中世の建築様式が入り混じる。

DATA

■交通：日本からフランス・パリのシャルル・ド・ゴール国際空港まで直行便で約12時間30分。空港からRennes駅までRER（高速鉄道）、SNCF（フランス国鉄）のTGVなどで約3時間。北口から直通バスで約1時間15分。

■住所：50170 Le Mont-Saint-Michel

曲がりくねった大通りグランド・リュの先にある90段の大階段。その急勾配を上りきると、聖堂と美しいサン・マロ湾が眼下に広がる

『塔の上のラプンツェル』の このシーンをチェック！

海に浮かび、斜面に沿って天を突くように尖塔が聳え立つお城の様子は、まさに聖なる山(モン)、モン・サン=ミシェルを思わせる。陸地から堤防づたいに島に渡れる橋の様子も同様だ。

ひと目見ただけでお分かりの通り、フランスの西海岸、サン・マロ湾上に浮かぶ小さな島に立つ、モン・サン=ミシェルにそっくり

フリンとスタビントン兄弟が城内で大切に保管されていたティアラを盗み、堤防を通って立ち去るシーン。背後には城が佇む

暗闇の中に浮かぶ城のシルエット。ラプンツェルが見るのを楽しみにしていた灯りが少しずつ飛び始め、やがて無数の灯りに包まれる

トリビアCOLUMN

原題は実はシンプル

原題は「Rapunzel」だったが、のちに「Tangled」に変更された。「Tangled」の意味は「もつれあう、からみあう」であり、ラプンツェルの長い髪を連想させる言葉だが、彼女とフリン・ライダーとの関係も表している。邦題はどんな内容かをわかりやすくしているが、原題はこのようにシンプルな単語に多くの意味を含むことが多い。

感謝を込めてランタンを飛ばす チェンマイの秋の風物詩

タイ

コムローイ祭り

Khom Loi

タイにはもともと川に灯篭を流すロイクラトンという風習があり、チェンマイではその風習が独自に発展した。ろうそくで熱したコムローイという円柱形のランタンを夜空に飛ばす祭りが、毎年旧暦12月の満月の日に各地で行われる。作物の収穫やブッダへの感謝、それぞれの願いを込めて満月の夜空へと舞い上げる。

DATA

■交通：日本からタイ・バンコクのスワンナプーム国際空港まで直行便で約7時間。空港からチェンマイ国際空港まで飛行機で約1時間10分。チェンマイからお祭りの各会場まで車で1～2時間。
■住所：Chiang Mai 50000, チェンマイ近郊各地
■時期：旧暦12月の満月の夜

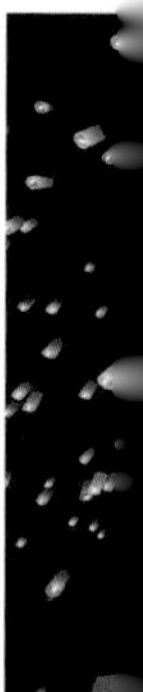

コムローイの灯りが消える時に、抱えた苦難も消えると信じられている。夜空に一斉に浮かぶオレンジ色の景色はあまりにも幻想的だ

大きいものだと、大人が両手で抱えて余るほど。瞑想を経て上げられた無数のランタンには、人々のさまざまな思いが込められている

『塔の上のラプンツェル』のこのシーンをチェック！

自分の誕生日に空に上がる灯りをいつも塔の上から不思議そうに眺めていたラプンツェル。ある日、家に侵入してきたフリンとともに塔を抜け出し、無数の灯りを見に行くことに。自分のためとは知らずにただうっとりする。

自分のために、まさかランタンが飛ばされているとも知らずに、たくさんの灯りに包まれて感動を覚えるラプンツェル

盗んだティアラを返すことを条件に、フリンは約束通りラプンツェルに灯りを見せる。灯りに包まれると二人の距離は一挙に縮まる

ランタンには王国のマークの刻印が。ラプンツェルが行方不明になって以来、国じゅうが、王女が無事に帰ってくるようにと望んでいる証だ

Mulan
ムーラン

ムーラン（男装時：ピン）

Mulan(Ping)

愛馬カーンに乗り、先陣を切って、シャン隊長ともに出陣するムーラン。決して後戻りはできない運命をかけた戦いがはじまる

胸キュンシーン

父親の出陣前夜、ムーランは自ら長い髪を切り、父の鎧をつけ、女であることを隠し、降りしきる雨の中、闇夜に隠れて出発する

STORY OF Mulan

髪を切り戦士になった少女が 男装して国を救う中国版ジャンヌ・ダルク

花の名前・木蘭（モクレン）の意味を持つムーランは、馬で駆け回り、古いしきたりに縛られない自由奔放な少女。時は戦乱の中国、侵略を企む北方騎馬民族・フン族の攻撃に備えるため、各家から男子1人徴兵の命が下った。ムーランは足の悪い父に代わって、髪を切り、男装して戦場へと向かう。味方部隊がフン族によって全滅し、シャン隊長の部隊も雪山で襲撃を受けるのだが、ムーランの奇策によって勝利を収める。しかしムーランは負傷し、男装がバレて隊を追放される。フン族の残党が皇都へ向かったと知るとムーランは馬を走らせ都へ向かう。

“*What beautiful blossoms we have this year. But, look, this one's late. But I'll bet that when it blooms it will be the most beautiful of all.*

今年の花はいつにもまして美しい。
ただ遅咲きの花が一輪、あれがどの花よりも美しい—ファ・ズー”

ファ・ズー
Fa Zhou

誇り高き勇敢なムーランの父。古いしきたりを守ろうとする一方、自由奔放な娘ムーランのよき理解者であり、ムーランの無限の可能性を信じて見守っている

ファ・リー
Fa Li

ムーランの母、ファ・リーはおてんば娘の将来を心配。結婚を決めるため、マッチメイカー（仲人）との面接を控えてムーランにおめかしをさせていた

シャン・ユー
Shan Yu

勝利を収め、都中がにぎわっているとき、雪崩から逃れ生き残っていたフン族の司令官シャン・ユーが城内に現れる

シャン隊長
Captain Shang

襲いかかるフン族の騎兵隊。ムーランは大砲を放って雪崩を起こし、危機一髪で隊長の手を取り救い出す

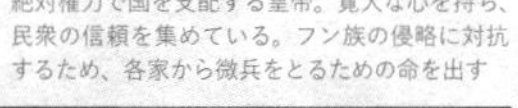

絶対権力で国を支配する皇帝。寛大な心を持ち、民衆の信頼を集めている。フン族の侵略に対抗するため、各家から徴兵をとるための命を出す

チ・フー
Chi-Fu

皇帝
The Emperor of China

外敵の侵入を防ぐために
2000年以上かけて築いた長城

中国

万里の長城

The Great Wall of China

紀元前214年、北方異民族の侵攻を防ぐため秦の始皇帝が建設したとされる。その後、中国歴代諸王朝が2000年に渡り増改築を繰り返してきた。砂漠や山を縫う城壁は、険しい坂と階段で構成され、総延長は約2万1000kmを超える。多くは道が平らに舗装されて歩けるが、地形の影響で通路がなく壁のみ建設された部分もある。

DATA

■交通：日本から中国・北京の北京国際空港まで直行便で約4時間。空港からエアポート・エクスプレス、地下鉄で積水潭駅まで約45分。駅から徒歩10分の徳勝門バスターミナルから八達嶺長城まで直行バスで約1時間45分。

■ 住 所：Beijing Yanging County Badaling/Beijing Huairou District Mutianyu

皇帝が重要な公務を行った外朝の後ろには、憩いの場とした御花園や、皇后の寝室だった坤寧宮など、当時の生活感が残る内朝が控えている

歴代皇帝の栄華を飾る
中国最大の木造宮殿

石積みや煉瓦で作られた長城の曲線美に圧倒される。標高1000m級を走る城壁の勾配は、ときに登るのが困難なほどに険しく厳しい

北方の異民族と睨み合った無数の銃眼と、城壁の道を繋ぐ望楼。一定の間隔で置かれた銃眼は、北側の防護壁にしかない

中国

紫禁城

Forbidden City

▶▸ P.33

約500年間、歴代皇帝の宮殿として利用された、王朝時代から近代まで中国史を見守る旧宮殿。正門には、毛沢東が中国建国を宣言したことで知られる天安門と広場が構える。現在は故宮博物院として一般開放されている。

『ムーラン』のこのシーンをチェック！

フン族の族長であるシャン・ユーとその軍隊が攻め入ろうとしているのは果てしなく長く続く万里の長城。物語はここからスタートする。クライマックスは、フン族を倒し勝利の祝宴をあげる都のシーンから。中心となっているのが、皇帝のいる中国最大の宮殿だ。

戦国時代、中国の歴代王朝が北方辺境防衛のために造った大城壁を乗り越え、侵入してきたのは、シャン・ユー率いるフン族だった

長城には、国境地帯を攻め入ろうとする侵入者の突破を妨げるように数カ所にわたり砦が設けられている。リアルに再現されている砦に注目

シャン・ユーもろとも2千騎の軍を一挙に打ちのめし、都では宮廷の夜空に色とりどりの花火を打ち上げられていた

上空から眺める宮廷の全景は、まさに紫禁城をモチーフにされていると推測される。ラストエンペラーが暮らした豪華さが描かれている

トリビアCOLUMN

映画音楽の巨匠が担当！

劇伴を担当したのは映画の音楽家ジェリー・ゴールドスミス。170作以上の音楽を手がけ、アカデミー賞®には18回ノミネートされており、『オーメン』で受賞を果たしている。実は、彼はカリフォルニアのディズニー・パークにある「ソアリン・オーバー・カリフォルニア」というアトラクションの音楽も担当していたのだ。

お城のスタイル大解剖！

ディズニープリンセスの作品に欠かせないのが、「城」。プリンセスを象徴する国やその文化、時代や、作品の世界観などによって、城のモチーフになるスタイルは様々。ディズニー映画における城は、誇り高き権力と富を表し、スタイリッシュに創造され、憧れの存在となっている。そこで、城の魅力について編集部が独自に調査！　ドイツを例に、住居のための城シュロス（Schloss）と、侵入を防ぎ戦いを目的にした城ブルク（Burg）、大きく2つに分けて城の特徴を紹介しよう。

誰もが憧れる絢爛豪華さ！
王族が住まう、いわゆる“王宮”

物語に登場する城は、そのほとんどが切り立った山の頂に立ち、空高くそびえるいくつもの尖塔を持っている。優美なそのシルエットは、遥か遠くからでも見ることができ、その姿はまさに国の象徴。上部は大小の尖塔やアーチ状の窓を取り入れることでエレガントな印象に。かたや下部は石垣を高くすることで敵の侵入を許さない要塞風となっていることが多い。プリンセスのキャラクター性と同様、どんな試練にも屈しない存在感がある。

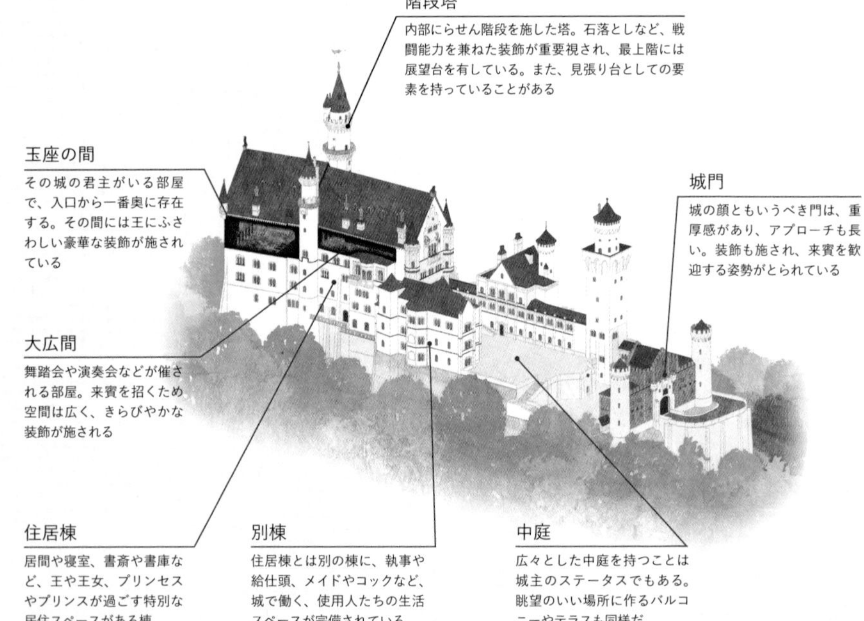

階段塔
内部にらせん階段を施した塔。石落としなど、戦闘能力を兼ねた装飾が重要視され、最上階には展望台を有している。また、見張り台としての要素を持っていることがある

玉座の間
その城の君主がいる部屋で、入口から一番奥に存在する。その間には王にふさわしい豪華な装飾が施されている

城門
城の顔ともいうべき門は、重厚感があり、アプローチも長い。装飾も施され、来賓を歓迎する姿勢がとられている

大広間
舞踏会や演奏会などが催される部屋。来賓を招くため空間は広く、きらびやかな装飾が施される

住居棟
居間や寝室、書斎や書庫など、王や王女、プリンセスやプリンスが過ごす特別な居住スペースがある棟

別棟
住居棟とは別の棟に、執事や給仕頭、メイドやコックなど、城で働く、使用人たちの生活スペースが完備されている

中庭
広々とした中庭を持つことは城主のステータスでもある。眺望のいい場所に作るバルコニーやテラスも同様だ

Burg
ブルク

きらびやかな装飾はなし！ 防御機能重視の“城塞”

城塞とは、城の周りを高い壁や堀が取り囲み、敵からの侵入・攻撃を防ぎ、戦いを目的に造られている。ドイツでは中世以降、軍事的な拠点として多くの城塞が建てられた。ノルウェーやスウェーデンなどの北欧でも、お国柄、バイキングに立ち向かう城塞が多くみられる。守備体制を強化するため、山の頂や海や湖を見下ろす岬などに立つことが多い。

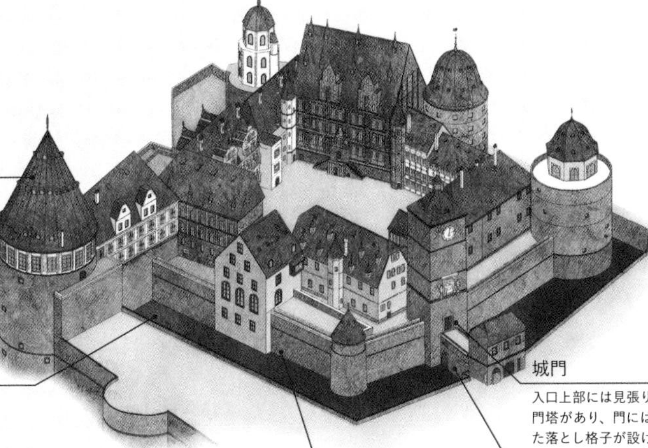

望楼（ベルクフリート）
城でいちばん高い建物。見張り塔であると同時に、最後の砦としての役割もあるため、頑丈

居館
別名本城とも呼ばれ、主に領主などが暮らしている邸宅のこと。門の正面奥に位置し、最上階に居を構える

堀
深い溝を掘り、戦時には水を貯めて敵の侵略を防いだ。時には油を流して、火をつけることもあったという

城門
入口上部には見張りが立つ城門塔があり、門には鋭く尖った落とし格子が設けられていた。それによって敵の侵入を防御した

城壁
堀からの侵入を防ぐために壁は高く、敵がここから攻め上ることは到底不可能

跳ね橋
城と外部をつなぐ唯一の橋。非常時には鎖で引き上げられ、入口を塞ぎ、敵の侵入を拒んだ

様式別にみるヨーロッパの建築物

ドイツのノイシュヴァンシュタイン城
►► P.24

ロマネスク様式（10世紀末～）

900年後半からフランスや北イタリア、ドイツで始まり、教会や修道院、戦いを好まない城によく使われた様式だ。重厚な石積みの壁や、開口部の半円アート、かまぼこ型のヴォールト天井などが特徴。

フランスのモン・サン＝ミシェル
►► P.46

ゴシック様式（12世紀～）

1100年中ごろから北フランスで開花し、イギリス、ドイツなど、北欧へ広がっていたのがロマネスクに装飾性を持たせたゴシック様式だ。高い天井とアーチを多様化し、教会や修道院などに多く取り入れられた。

シャンボール城
►► P.14

ルネサンス様式（15世紀～）

1420年ごろ、絵画や彫刻、また文学の改革に続いて、イタリアのフィレンツェで花開いた建築様式。急速にイタリア本土に広まり、ドイツ、フランスとヨーロッパ各地に伝わり、華やかな時代を迎える。

Sleeping Beauty
眠れる森の美女

胸キュンシーン

ステファン王
King Stefan

リア王妃
Queen Leah

オーロラ
Aurora

心優しいオーロラはブライア・ローズとして、動物たちと遊び、マレフィセントに気づかれないように森の奥でひっそりと暮らしていた

オーロラの誕生を祝い、祝賀パーティーが盛大に行われている最中、城にマレフィセントがやってきて、王女に呪文をかける

フローラ、フォーナ、メリーウェザー
Flora, Fauna, Merryweather

But they say if you dream a thing more than once, it's sure to come true. And I've seen him so many times.

でも同じ夢を何度も見れば、その夢は叶うんですって。
私、何度もあの方にお会いしたわ。―オーロラ

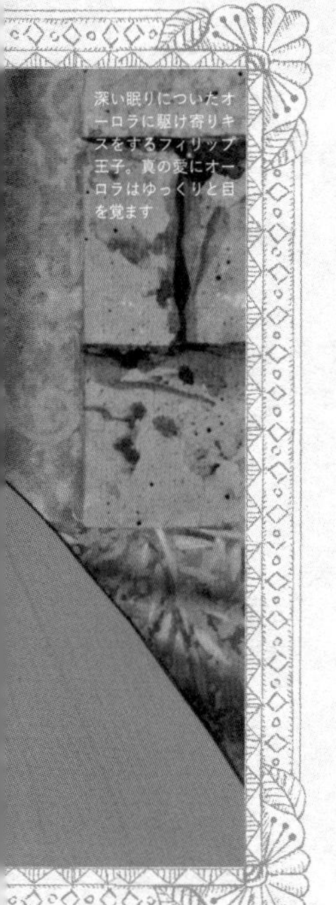

深い眠りについたオーロラに駆け寄りキスをするフィリップ王子。真の愛にオーロラはゆっくりと目を覚ます

マレフィセント
Maleficent

16歳の誕生日、城に戻ることになったオーロラの前にマレフィセントが現れ、糸車の針を指に刺し永遠の眠りにつく呪いをかける

フィリップ王子
Prince Phillip

目を覚ましたオーロラ。運命の人がフィリップ王子と知ってうれしさを隠せない。2人は手を取り合い華麗にワルツを踊る

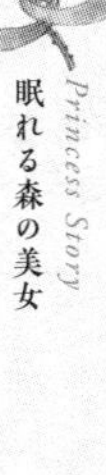

STORY OF

Sleeping Beauty

呪いをかけられた永遠の眠りから運命の王子様が王女を救う

ある王国に待望の王女が生まれた。彼女の名はオーロラ。盛大なパーティーが開かれ、3人の妖精が現れ、贈り物を捧げた。フローラからは美しさを、フォーナからは美しい歌声を…。そこに邪悪な魔女のマレフィセントが現れた。招待されなかったことを根に持ち、オーロラに「16歳の誕生日に糸車の針に指を刺して死ぬ」という呪いをかけた。3人目の妖精メリーウェザーの贈り物は、マレフィセントの呪いを弱めるものだった。それは、死ではなく"深い眠りにつき、運命の相手にキスされれば目を覚ます"というものだ。16歳になった王女の運命は？

フィリップ王子は「真実の剣」と「美徳の盾」を取り、オーロラを救いに向かい、巨大なドラゴンに変身したマレフィセントに挑む

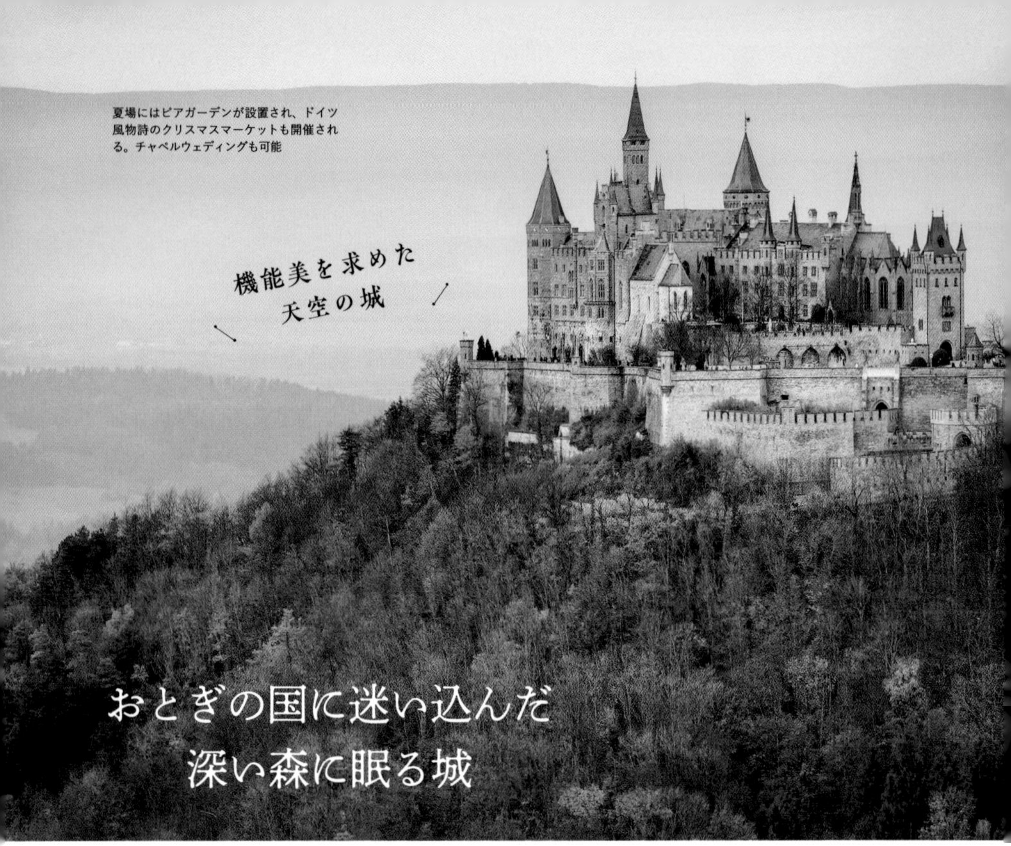
機能美を求めた
天空の城
おとぎの国に迷い込んだ
深い森に眠る城

夏場にはビアガーデンが設置され、ドイツ風物詩のクリスマスマーケットも開催される。チャペルウェディングも可能

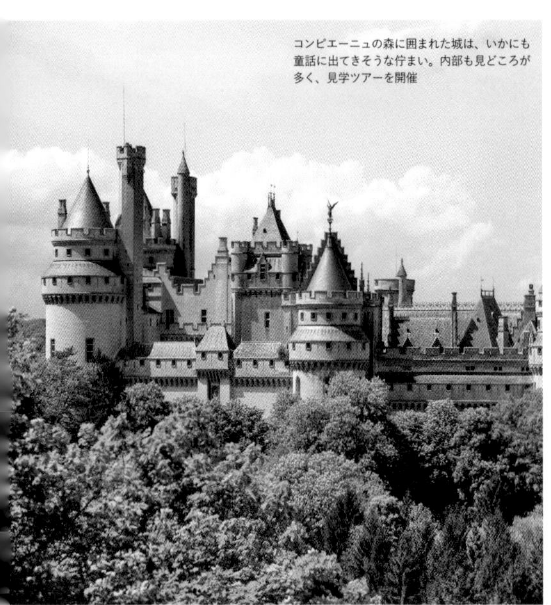

コンピエーニュの森に囲まれた城は、いかにも童話に出てきそうな佇まい。内部も見どころが多く、見学ツアーを開催

フランス

ピエールフォン城

Château de Pierrefonds

14世紀後半建造の要塞を、19世紀にナポレオン3世が建築家ウジェーヌ・エマニュエル・ヴィオレ・ル・デュクに居城として修復を依頼。はね橋や石落としなど中世ヨーロッパの城郭建築の特徴が見てとれ、映画のロケ地になったことも。

DATA

イギリス
ベルギー
ドイツ
パリ
ピエールフォン城
スイス
フランス
イタリア
スペイン

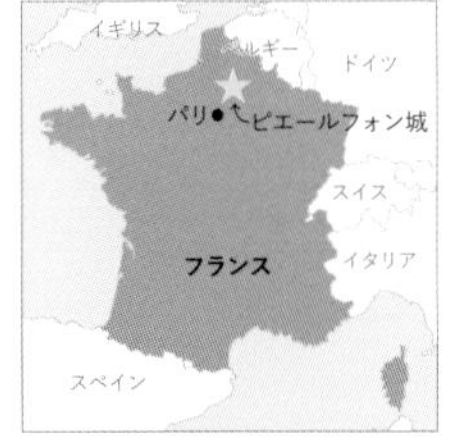

■交通：日本からフランス・パリのシャルル・ド・ゴール空港まで直行便で約12時間30分。空港からCompiegne駅までRER（高速鉄道）、SNCF（フランス国鉄）で約2時間。駅から車で約20分。
■住所：RUE Viollet-le-Duc .60350 Pierrefonds

ドイツ

ホーエンツォレルン城

Burg Hohenzollern

リードリヒ・ヴィルヘルム4世が再建したホーエンツォレルン家の居城。創建は11世紀だが、1850年から改築され、現在は15世紀の姿が忠実に再現されている。軍事面での貢献度が高く、中世騎士が求めた機能美が追及された。標高約900mに位置し、天候条件に恵まれれば雲海に浮かぶような幻想的な光景に。城内の撮影は禁止されている。

DATA

■交通：日本からドイツ・ミュンヘンのフランツ・ヨーゼフ・シュトラウス国際空港まで直行便で約14時間。空港からHechingen駅までDB（ドイツ鉄道）で約4時間30分。駅からバスで約15分。
■住所：D-72379 Burg Hohenzollern

フランス

ユッセ城

Château d'Ussé

▶・ P.26

17世紀、童話作家シャルル・ペローはこの城に魅せられ、『眠れる森の美女』を執筆したといわれている。城内では、ペローの物語をもとに、登場人物の蝋人形がシーンを再現し、訪れる者をおとぎ話の世界へ誘う。16世紀の調度品なども展示されており、当時の様子を垣間見ることができる。現在はブラカス伯爵の私邸となっているが、見学が可能だ。

お姫様が目を覚ましたシーンも再現されている。小さな一室は油断すると通り過ぎてしまうほど、城内の奥深くに隠されている

『眠れる森の美女』のこのシーンをチェック！

『眠れる森の美女』には2つの城が登場する。オーロラとマレフィセントの城。どちらも中世のゴシック様式で石造りの重厚な造り。オーロラの城は小高い丘に立ち周囲に城壁をめぐらせ、敵の侵入を防ぐ頑丈な印象。

城の全景。14世紀の雰囲気を再現するため、ルネサンス以前の様式を取り入れているようだ。空に聳える尖塔が力強さを物語る

マレフィセントの呪いで暗雲が立ち込めるオーロラの城。国じゅうの糸車が集められ、多くの民衆が見守る前で燃やされた

トリビアCOLUMN

よみがえったダンスシーン

物語の最後に、オーロラとフィリップ王子がダンスを踊るシーンは、のちにディズニー映画『美女と野獣』のベルと人間になった野獣のダンスシーンに動きがそのまま再利用されている。『眠れる森の美女』が1959年で、『美女と野獣』が1991年に公開されてることを思うと30年以上の時を経て作品がよみがえっているのだ。

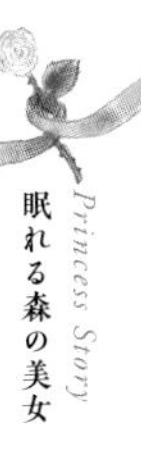

Brave

メリダとおそろしの森

胸キュンシーン

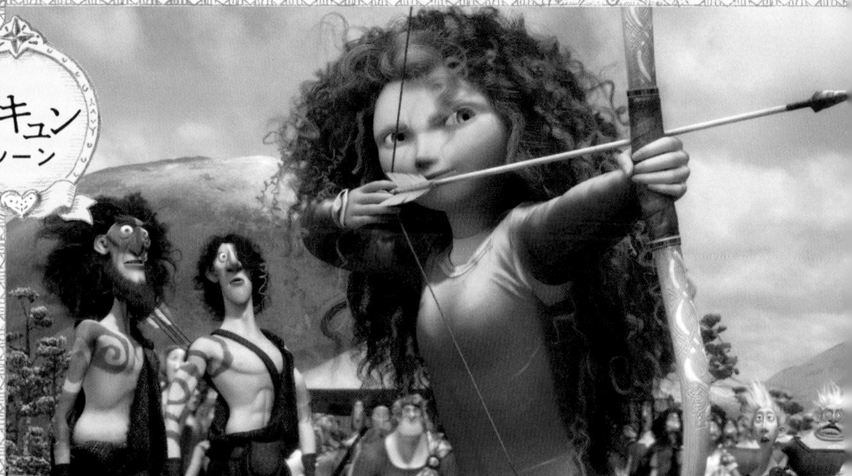

メリダ

Merida

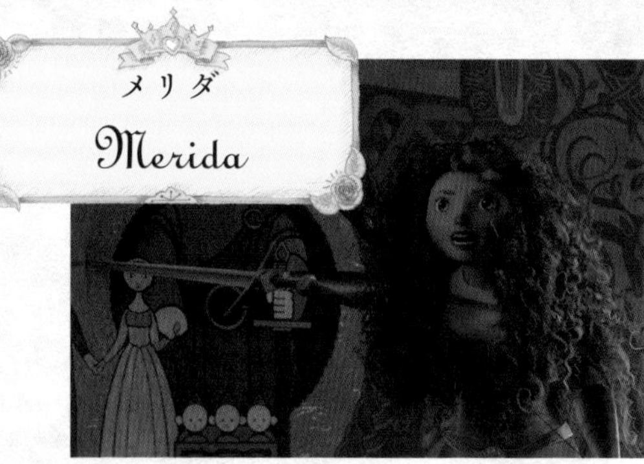

メリダは強引な母の行動に嫌気が差し、母が大事にしている家族を描いたタペストリーを剣で引き裂いてしまう。そして城を飛び出し森へ向かう

エリノア

Elinor

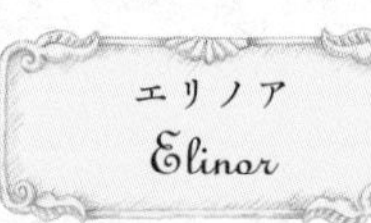

エリノアは結婚相手を決める競技会で、弓を放った娘の身勝手な行動に大激怒。激しい口論のすえ、エリノアはメリダが幼いころから大切にしている弓を焼いてしまう

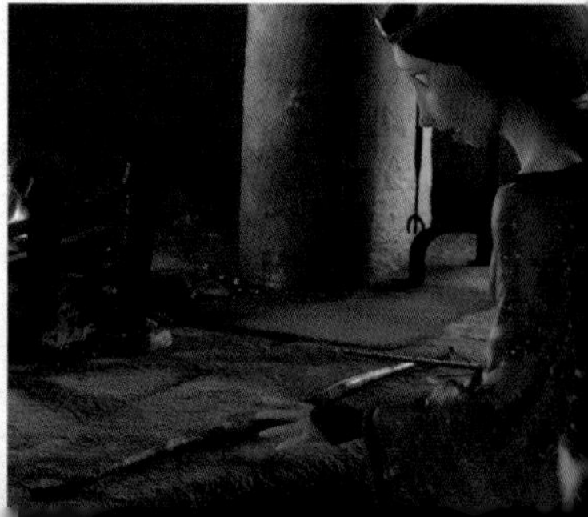

It's the one thing we search for or fight to change. Some never find it. But there are some who are led.

運命は探し求めるもの。努力すれば変えられるもの。
進む道が見つからない人もいれば、運命に導かれる人もいる。—メリダ

古くからの伝統にのっとり、メリダの結婚相手は競技会で決められることになったのだが、メリダは種目に弓を指定し、自らも参加して勝利をさらってしまう

ケーキを食べたエリノアはクマに変身。それを知らない父と見合い相手の領主たちはクマを森へ追い込む。メリダはそれを食い止めるため、母を助けに馬を走らせる

鬼火に導かれてたどり着いたのは老婆の小屋。魔法で「私の運命を変えてほしい」と頼むと、作ってくれたのは母をクマに変えるケーキだった

おばあさん
Wise Woman

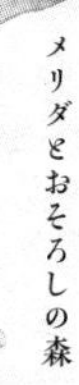

鬼火
Will o' wisps

城を飛び出したメリダは、愛馬のアンガスに乗って森へ向かった。その時、彼女の目の前に現れたのは「見た者を運命へと導く」と言い伝えられている"鬼火"だ

STORY OF Brave

王女らしくより自分らしく、スコットランドに伝わる呪文を解く、母と娘の、愛の物語

燃えるようなカーリーヘアを振り乱し、ワイルドで自由奔放なメリダは、森の中で愛馬に乗って駆け回る弓の名手。王である父の誇りでもあったが、母であるエリノアは娘の将来が心配で、完璧な女性に育てようと厳しくしつける。やがてメリダを無理やり結婚させようとしたことから、2人の間に深い溝ができてしまう。反発したメリダは、"鬼火"に導かれ、森のおばあさんに「母親を変えて」と頼んだことから、エリノアはクマになってしまう。予想外の展開に戸惑う母と娘。2人は魔法を解くために行動を共にしながら親子の絆を取り戻していく。

切り立った断崖絶壁に立つ 14世紀の要塞

スコットランドの歴史を伝える古城

本土からつながれた細い道を通ってたどり着く。四方を海に囲まれ、晴れた日の眺めは素晴らしい。荒天時は一転してミステリアスな雰囲気に

3つの大きな入江に立つ 13世紀建造の城

時間帯で表情を変えるハイランドの象徴

城の一帯だけ時が止まったような美しさで、満潮時は特に素晴らしい。名前はかつてこの地で暮らしていた修道士、ドナンに由来するといわれている

スコットランド

ダノッター城

Dunnottar Castle

北海の断崖絶壁にたたずむ姿そのものが、物語の1シーンのようにドラマチック。5世紀頃、スコットランドで最初の教会が建てられ、7世紀にはバイキングの侵略に備えて改築。現存する砦や塔屋は、14世紀にマリシャル侯爵家の居城として築かれたもの。清教徒革命指導者、クロムウェルの侵攻により落城した後は長らく廃墟になっていたが、修復を経て公開。スコットランドの歴史を語る上では欠かせない古城だ。

DATA

■交通：日本からイギリス・ロンドンのヒースロー空港まで直行便で約12時間30分。空港からアバディーン空港まで直行便で約1時間25分。空港からStonehaven駅までバスで約1時間30分。駅から車で約10分。
■住所：Stonehaven, AB39 2TL

スコットランド

アイリーン・ドナン城

Eilean Donan Castle

デューイッヒ湖に浮かぶように立つその姿は、スコットランドでもっとも美しい古城と称される。13世紀半ばに最初の城が建てられたが、18世紀のジャコバイトの反乱の際に、イギリス政府軍によって陥落した。約200年間廃墟となったのち、1932年に領主マックレー家の子孫によって再建。現在は博物館として内部を公開している。

DATA

■交通：ヒースロー空港からインヴァネス空港まで直行便で約1時間20分。空港から駅までバスで約2時間。
■住所：Dornine Kyle of Lochalsh IV40 8DX, Scotland

『メリダとおそろしの森』のこのシーンをチェック！

ハイランド地方にあるアイリーン・ドナン城、アバーディーンシャーのストーンヘヴン南方に位置するダノッター城を参考に描かれている

企画当初は城を湖畔に設定していたが、海辺にあるダノッター城を見学し海辺に変更したようだ。中世の要塞がリアルに描かれている

自由を愛し、愛馬に乗って森を駆け抜けるメリダ。城から森へと続く石橋はアイリーン・ドナン城の石橋が参考になったと思われる

隠れキャラを探そう！

ピクサー作品といえば、『トイ・ストーリー』に登場する、ピザプラネットのトラックが隠されている。この作品の舞台は島であり、トラックが似つかわしくないと思いきや、森の老婆の家のつくえの上に置かれた彫刻が、ピザプラネットのトラックになっているのだ。他のピクサー作品でもピザプラネットのトラックを探してみよう。

絶海の孤島にある神聖なるパワースポット

スコットランド

キルトロックの滝

Kilt Rock Falls

インナー・ヘブリディーズ諸島最大の島で、豊かな自然が観光客を魅了するスカイ島。その北東にある断崖絶壁は景勝地のひとつとして知られ、玄武岩の柱状節理がスコットランド男性の民族衣装のキルトに似ていることからその名が付いた。近くのメル湖から直接海へと落ちる滝は、映画の中でも印象的なシーンに登場する。

カラニッシュ
キルトロックの滝
エディンバラ
イギリス
アイルランド
オランダ
ロンドン
ベルギー
フランス

スコットランド

カラニッシュ

Callanish

ルイス島の観光拠点、ストーノウェイから西に約25km、北西部にある村の丘に、神秘的な立石群が現れる。スコットランドを代表するストーンサークルのひとつで、新石器時代に造られたとされるが、その正体や目的は謎に包まれたまま。石の配列は、古代から伝わるケルトの十字架（ハイクロス）を表しているように見える。

DATA

■交通：ヒースロー空港からストーノウェー空港まで経由便で約4時間。空港から車で約40分。■住所：Isle of Lewis HS2 9EX

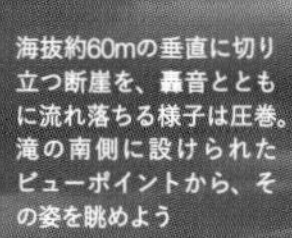

海抜約60mの垂直に切り立つ断崖を、轟音とともに流れ落ちる様子は圧巻。滝の南側に設けられたビューポイントから、その姿を眺めよう

DATA

■交通：ヒースロー空港からインヴァネス空港まで直行便で約1時間20分。空港からキルトロックのビューポイントまでバスで約4時間。
■住所：
Portree IV5 9JE

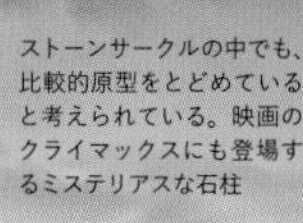

ストーンサークルの中でも、比較的原型をとどめていると考えられている。映画のクライマックスにも登場するミステリアスな石柱

『メリダとおそろしの森』のこのシーンをチェック！

神話や伝説が残るスコットランド。魔法にかかったような場所が舞台になっているようだ。絶壁から流れ落ちる滝や大地に立ち並ぶ巨石など、スコットランドの森や滝、史跡が多く採用されているのでチェックしたい。

教育熱心な母親から解放された時間に、メリダが目指したのは断崖から落ちる滝

「お母様、私、『王の歯』に登って滝の水を飲んだの」。王女らしからぬメリダは断崖を登り、古の勇敢な王が成し遂げた滝の水を飲んだのだ

感動のラストシーンもこの石の柱の中で迎える

森の中で、鬼火に導かれてメリダは大きな石がサークル状に並ぶ場所へとたどり着く。鬼火は青白い光で旅人を迷わせる森の精霊だ

Love&Adventure World

愛と冒険の世界へ

アナと雪の女王
Frozen
モアナと伝説の海
Moana
リロ＆スティッチ
Lilo & Stitch
ベイマックス
Big Hero 6
ピーター・パン
Peter Pan
カールじいさんの空飛ぶ家
Up

FROZEN

アナと雪の女王

胸キュンシーン

エルサ

Elsa

アナ

Anna

ある日、「雪だるま作ろう」というアナの誘いにのって、雪遊びをしている最中に、エルサの魔法がアナの頭を直撃してしまう。髪の色が変わり、意識不明の状態に陥ってしまうアナ

国王と女王は、アナを連れて森の妖精トロールのもとへ。アナの頭からエルサの魔法の記憶をすべて消すことに

“Love is putting someone else’s needs before yours. Like, you know, how Kristoff.Brought you back here to Hans and left you forever.”

愛っていうのは、自分よりも人のことを大切に思うことだよ。
クリストフがハンスにアナをまかせて去っていったみたいにね。—オラフ

戴冠式でエルサの代わりにアナが社交ダンスを踊ることに。アレンデールの秘密を探ろうとやってきた公爵だった

戴冠式の日、閉ざされたエルサの扉の前で過ごしてきたアナにとって、ハンスとの出会いは恋の扉が開いた瞬間でもあった。2人は意気投合し婚約しようとする

クリストフ
Kristoff

山の中で出会ったクリフトフに、アナはノースマウンテンまでの案内を頼む。途中、幼いころ雪遊びの最中に作った雪だるまのオラフにも出会う

オラフ
Olaf

スヴェン
Sven

剣を振り上げたハンスからエルサを守り、凍りついてしまったアナ。エルサが真実の愛を知ると、アナの魔法が解ける

凍った世界から街を救う “真実の愛”を描いた感動のストーリー

触れたものすべてを凍らせ、雪や氷を魔法の力で操ることができるアレンデールの王女エルサ。2人の仲が良かった幼少の頃、妹のアナに誤って魔法を当ててしまったことで、エルサは部屋に閉じこもり、アナは独りぼっちで遊ぶようになる。ある日、両親の国王夫妻が海難事故で帰らぬ人に。その3年後、成人を迎えたエルサの戴冠式が行われる。その日、アナはサザンアイルズの王家を代表してやってきたハンスと出会い、恋に落ちて婚約しようとする。身勝手なアナにエルサは怒りを覚え、魔法の力を抑えきれずにアレンデールを氷の世界に変えてしまう。

氷の宮殿にたどり着いたアナは、アレンデールに帰ろうと説得。しかし冷たく追い払われエルサの魔法がアナの心臓に突き刺さる

柱も壁もすべてが氷！
氷の宮殿を彷彿させる美しいホテル

客室は約50室。室内はマイナス3〜マイナス5°C前後に保たれている。エルサの氷の宮殿に似たスイートルームも毎年デザインが異なる

カナダ

ホテル・ドゥ・グラース

Hôtel de Glace

氷と雪に囲まれた客室で一晩過ごせる、通称「アイスホテル」。毎年、テーマに沿って建て替えられ、冬期限定でオープン。世界中から予約が殺到し、2001年の創業以来、100万人以上が訪れた。昼間は宿泊者以外もホテルの内部を見学することができる。別棟にはスパやサウナのほか、一般的な客室やレストランなども完備。

DATA

■交通：日本からカナダ・ケベックのケベック・ジャン・ルサージ国際空港まで乗継便で17時間30分。空港から車で約30分

■住所：1860, Boulevard Valcartier, Saint-Gabriel-de-valcartier,QC G0A 4S0 Québec

※冬期のみ営業

雪と氷で作られたとは思えないほど精巧なオブジェはまるで芸術品のようで、寒さを忘れて見とれてしまう

唯一無二の
氷の世界へようこそ

ノースマウンテンで独り、抑えてきた魔法を解放するエルサ。手を振ると氷の階段が現れ、足を踏みしめると巨大な氷の宮殿が現れた

エルサは髪をほどき、魔法の力で雪の女王の姿に変身。美しくも荘厳な宮殿はまるでカナダの氷のホテルを思わせる

エルサの魔法で一挙に作られていく氷の宮殿。自分の心を閉ざすのをやめて、独りで生きる決意をする

『アナと雪の女王』の このシーンをチェック！

雪や氷を自在に操る魔法の力を持つエルサ。戴冠式で隠していた魔法の力を見られてしまい、解放されたエルサはノースマウンテンに大きな氷の宮殿を作る。それはまるでカナダのアイスホテルを思わせる。

北極海に浮かぶアルプスと称される
ノルウェーの美しき秘境

旅人が憧れる
絵画のような地

ノルウェー

ロフォーテン諸島

The Lofoten Islands

北極圏内のロフォーテン沖に浮かぶ島々は、「世界でもっとも美しい場所のひとつ」といわれるノルウェー有数の観光地。氷河の浸食によって形成された岩山が海に浮かぶアルプスの頂に例えられる。主な島の間は橋でつながっており、陸上の移動が可能だ。モスケネス島にある漁村、レイネの街並みは特に素晴らしい。

タラ漁を営む人々が生活するレイネは、ロルブーと呼ばれる漁師小屋を改装したドミトリーに宿泊可能。オーロラの観測地でもある

高緯度のわりに気候は穏やかだが、冬は雪景色に染まる。海から屹立する岩山と、静かな海が織りなすフィヨルドの自然美がどこまでも続き、島内をドライブする観光客が多い。1日のうちでも刻々と気象が変化していくので、見ていて飽きない

DATA

■交通：日本からノルウェー・オスロのオスロ空港まで乗継便で約13時間。ハルスター・ナルヴィク空港まで約1時間40分。諸島エリア内はバスでの移動となる。

空に向かって聳え立つノースマウンテンの中腹に寄り添うように立つ氷の宮殿。それは透き通るように美しく人を寄せ付けない

物語は、氷を切り出す労働者たちの力強い歌声で幕を開ける。「氷の魔力は、美しく、強大で危険、氷は魔法のようで支配できない」と歌いエルサの魔法の力を暗示している

季節は夏なのに、エルサの魔法で湖さえも凍りついてしまったアレンデール。鋭く切り立った山々に囲まれた宮殿は、ノルウェーのロフォーテン諸島を思わせる

『アナと雪の女王』のこのシーンをチェック！

自由を求めて城を飛び出したエルサのシーンは、まるでロフォーテン諸島を彷彿とさせる美しさ。映画の冒頭には美しいオーロラの描写もあり、ノルウェーの厳しい冬の美しさを思わせる。

言葉にならない感動に包まれる幻想的な大自然へ

ノルウェー

トロルの舌

Trolltunga

ノルウェー南西部の町、オッダにある山の標高約1000mにある名所。断崖に突き出た独特の形の岩盤は、現地で語り継がれる妖精、トロルの舌に例えられている。先端に立てば、まるで大自然をひとり占めしているような感覚に。登山口から山道までは片道約4時間、1日がかりで行くコースのため、事前の準備はしっかりと。

DATA

■交通：オスロ空港からOddaまでバスで約7時間。OddaからSkjeggedalまでバスで約30分。登山口から4～5時間のトレッキングとなる。
■住所：5760 Roldal

晴れていればノルウェーで2番目の規模を誇るハダンゲルフィヨルドを、曇天時は雲海を見渡せる。極上の絶景とスリルを味わえるが、周辺に柵はなく、危険と隣り合わせのため、無理は禁物だ

ノルウェー

ツヴィンデの滝

Tvindefossen

「ツヴィンデ」とは古いノルウェー語で「2倍」を意味し、2本の滝が隣り合っていることからその名が付いた。階段状になった岩肌を、しぶきをあげながら雪解け水が流れ落ちる。落差は約150m。夏でもひんやりと冷たい滝の水をひと口飲めば、10年長生きできるという言い伝えがある。フィヨルド観光の中継地点、ヴォス村の郊外にあり、ヴォス駅前からバスでアクセスすることも可能。滝の周辺はキャンプ場が整備されている。

DATA

■交通：オスロ空港からソグナル空港まで約50分。空港から車で約2時間20分。
■住所：5710 Skulestadmo

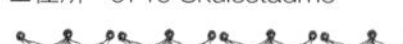

水しぶきが舞い上がるダイナミックな流れ。映画に登場する滝を連想させる

ノルウェー

プレーケストレーン

Preikestolen

「教会の説教壇」の異名をもつ海抜600mの断崖は、ノルウェーの4大フィヨルドのひとつ、リーセフィヨルドのハイライト。頂上へのアクセスは片道約3km、上り約2時間の山道を自力で登るのみ。険しい岩場もありハードな道のりだが、たどり着いたときの感動は何にも代えがたい。崖下を往復する遊覧船から見上げるのもいい。

DATA

■交通：オスロ空港から基点となるStavangerまで飛行機で約50分。そこから麓の町Tauまでフェリーで約40分、Tauからバスで約30分。登山口から約2時間のトレッキングとなる。
■住所：4129 Songesand

眼下にリーセフィヨルドが広がる。4～10月の観光シーズン以外は原則的に封鎖

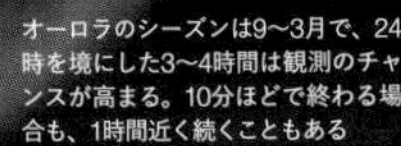

オーロラのシーズンは9〜3月で、24時を境にした3〜4時間は観測のチャンスが高まる。10分ほどで終わる場合も、1時間近く続くこともある

ノルウェー

トロムソ

Tromso

トロムソ島を中心とした北スカンジナビア半島最大の町。オーロラベルト領域内の北緯69度40分に位置し、冬季は神秘的な光のカーテンを目当てに多くの人々が訪れる。市街は明るいため、より観賞に適した場所へ案内してくれるツアーがおすすめ。トロムソ湾周辺にミュージアムや水族館が点在しており、昼間の観光も楽しい。

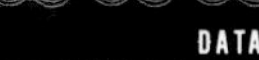

DATA

■交通：オスロ空港からトロムソ空港まで約1時間55分。空港からTromso中心部まで車で約15分。

『アナと雪の女王』のこのシーンをチェック！

険しい山々の中で見られる奇岩や断崖絶壁、厳しい寒さゆえ偶然が作り出す自然現象や氷の芸術など、映画のすばらしさとともに、ノルウェーの魅力をスクリーンの随所で見ることができる。

雪の怪物マシュマロウが、アナとクリストフとオラフを断崖絶壁へと追い込む

アナとクリストフが、幼いころエルサが創ってくれたオラフに出会う滝のシーン。凍りついた滝の美しさが印象的だ

アナは戴冠式で出会ったハンスと意気投合し、歌い、踊り、お互いの気持ちを確かめ合う。滝が流れ、突き出した岩場はまるで「トロルの舌」を連想させる

氷を切り出すのは夜明け前の作業。寒さが増し、空気が澄んだ日だけに見えるノルウェーのオーロラ。映画の冒頭シーンに登場する

ノルウェー

アーケシュフース城

Akershus Festning

1299年に建造、火事により消失し、1600年代前半にデンマーク王のクリスチャン4世が宮殿のような趣のルネサンス様式の城に改築。1815年以降は国の公式行事に使われ、各国要人を迎える晩餐会場にもなる。現在は王が暮らしたホールなどの見学が可能だ。ピペル湾岸の広い公園内に立ち、晴天時は城内外からオスロフィヨルドを見渡せる。

DATA

■交通：オスロ空港からNational theatret駅までNSB（鉄道）で約25分。駅から徒歩約15分。
■住所：Akershus festning 0015 Oslo

1630年頃には堅牢な城壁が造られ、敵軍に9回も包囲されながら一度も城を明け渡したことはなかった

アレンデール王国の面影を探しに中世の城塞と木造教会をまわる

ノルウェー

ボルグンド・スターヴ教会

Borgund Stave Church

歴史ある木造教会の代表格

スターヴとは「支柱」を意味し、11〜12世紀にかけて北ヨーロッパに建てられた木造の教会の建築様式の名称にもなっている。最盛期は1000棟以上あったが、ノルウェー国内に現存するのはわずかに28棟。1180年、フィヨルドの間に建てられたこの教会は、その中でももっとも保存状態が良いとされ、夏季には内部を見学できるが、建物の保存のために内部の撮影は残念ながら禁止されている。

DATA

■交通：オスロから車で約5時間。
■住所：Vindhellavegen 606,6888 Borgund

バイキング船の造船技術が用いられた。うろこを模した板で覆われた屋根にはドラゴンの飾りが見られる

『アナと雪の女王』のこのシーンをチェック！

アレンデールのお城のモデルになったと思われるアーケシュフース城。ノルウェーに点在する木造建築の教会も城郭内に登場するのでお見逃しなく。またラストシーンで上空から全景を見ることができるのでチェックしよう。

幼い頃、エルサの魔法にあたって以来、拒否され続けてきたさみしさから解放されたアナ。頑丈な石造りの城はアーケシュフース城を思わせる

アナとエルサが生まれ育ったアレンデール。湖と山に囲まれた建物は、映画の舞台となったノルウェーに見られるスターヴ教会がモチーフになっているようだ

エルサは人との接触を避けて魔力を隠してきたが、戴冠式の最中に…。建物はノルウェー独特の教会そのもの

教会の内装の様子から見て、ボルグンド・スターヴ教会によく似ている。両サイドのステンドグラスや椅子の並び方、アーチ状の天井などがそっくり

おとぎの国のような港町

カラフルな建物が並ぶ 可愛いらしい世界遺産の港町

ノルウェー

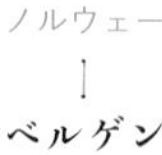

ベルゲン

Bergen

ノルウェー第2の都市は、港に面して立ち並ぶ三角屋根の木造建築がシンボル。この一帯はブリッゲン地区とよばれ、ユネスコ世界遺産に登録されている。一部はショップや工房に利用されているので、路地を散策してみよう。旅行者でにぎわう魚市場、ケーブルカーで山頂まで行けるフロイエン山など、見どころが多い。

DATA

■交通：オスロ空港からベルゲン空港まで飛行機で約50分。空港からベルゲン市内までエアポートバスで約25分。
■住所：Bryggen, 5003 Bergen

ィヨルド特有の地形で、
]は港を中心に栄えている。
グネフィヨルド観光の拠
でもあり、直通フェリー
どでアクセスできる

13~16世紀建造のブリッゲンの木造建築は、ドイツのハンザ商人に使われていた。火災で焼失するたび、同じように復元されたという

『アナと雪の女王』の このシーンをチェック！

中世に栄えた港町でフィヨルド観光の玄関口でもあるベルゲン。三角屋根のカラフルで可愛らしい建物が、アナたちの暮らすアレンデールにそっくり。ハンスと出会った場所や、エルサが愛の力で氷を解かすシーンに注目。

三角屋根のカラフルな建物が並ぶ風景は、ノルウェーの港町の特徴。その港町でアナとハンスが初めて出会う

真実の愛で氷を解かすことを知ったエルサは、凍ってしまったアレンデールを愛の力で溶かし始めた。すると本来の街の姿が現れる

ラプンツェルがカメオ出演！？

劇中、アナの歌う「生まれてはじめて」が流れるところで、お城の門が開くシーンに、ディズニー映画『塔の上のラプンツェル』に登場する、ラプンツェルとフリンがカメオ出演している。ラプンツェルは長い金髪姿ではなく、物語の最後のショートヘアとドレスをきているので、ぜひ一度みなおして、探してみよう。

主人公をピンチに陥れる

ディズニーのヴィランズ

ディズニー映画に欠かせないのが、主人公の前に立ちはだかるヴィランズ（悪者たち）。冷酷で極悪非道な敵から、どこか憎めない面をもつ名物キャラクターまで、一挙に大公開。

マレフィセント
Maleficent
Sleeping Beauty

全ての悪の上に立つ 招かれざる邪悪な魔女

自らを悪の頂点に君臨する者と称する魔女。オーローラの誕生日に自分だけ招かれなかったことが不服で、「16歳までに糸車で指を刺して死ぬ」という呪いの言葉を送り付けた。

"Magic mirror on the wall, who is the fairest one of all ?"
鏡よ鏡、世界で一番美しいのは誰？

女王
Queen
Snow White and the Seven Dwarfs

醜い老婆に扮しても 自身より美しい者は許さない

自分が世界で一番美しいと信じており、他人の美を許せない高慢な性格。魔法の鏡が「この世で一番美しいのは白雪姫」と答えたために、継子である白雪姫を殺そうとする。

ジャファー
Jafar
Aladdin

アラジンをそそのかし ランプを狙う魔術師

アグラバー宮殿に勤める邪悪な大臣。得意の催眠術で魔法のランプを手に入れ、魔人の力を利用して王座を奪おうと企てる。手下に従えているのはイアーゴという名のオウム。

ゴーテル
Mother Gothel
Tangled

若さと美貌のため 偽りの愛情で縛り付ける悪女

ラプンツェルの母を自称するが、本当の姿は400歳の老婆。ラプンツェルの髪に触れることで美貌と若さを保っている。彼女を塔の上に閉じ込め、魔力を独り占めしようと企む。

ガストン
Gaston
Beauty and the Beast

ベルに恋した 力自慢のプレイボーイ

ハンサムで筋肉自慢な目立ちたがり屋。しかし実際は不作法で短気な自惚れ屋。ベルに好意を寄せるが相手にされず、ベルの父モーリスを利用して強引に結婚しようと計画。

フック船長

Captain Hook

Peter Pan

復讐に執念を燃やす ネバーランドの海賊船長

真っ赤なジャケットと髭、かぎ爪がトレードマーク。ずる賢く残忍な性格で、自分の左手を切り落としてワニに食べさせたピーター・パンを恨み、虎視眈々と復讐の機会を狙う。

アースラ

Ursula

The Little Mermaid

強大な魔力で海を荒らす ずる賢い魔女

フロットサムとジェットサムという二匹のウツボを従えた海の魔女。自分のことを海の王国から追い出したトリトン王に復讐するため、王国を奪い、海を支配下に置こうとする。

奪ったマイクロボットを操る 復讐に燃える静かなる敵

隈取の仮面をつけた謎の男。娘がクレイテック社の実験事故に巻き込まれたことから、社長のクレイを恨み、復讐計画を進める。我欲ではなく過去の事件で心を歪めた悲しき悪役。

仮面の男

Yokai

Big Hero 6

スカー

Scar

Lion King

どんなことも厭わず 王座を欲した狡猾なライオン

シンバの伯父。王子シンバの誕生で王位継承が遠のいたことに腹を立て、国王親子を殺害しようと企てる。ムファサを殺害し、シンバを国から追い出したあと自ら王位についた。

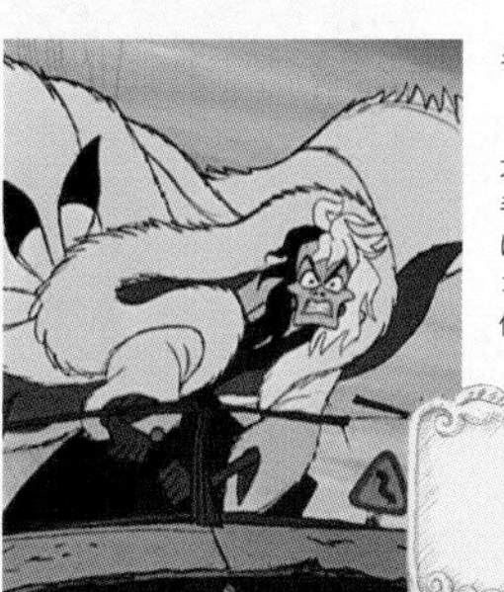

毛皮のためならどこへでも まさにクルエラ・デビル

犬を殺して、毛皮でコートをつくる毛皮マニア。そのためには手段を選ばない。ダルメシアンの子犬で特製コートをつくるために、2人の手下を使って99匹の子犬を集めた。

クルエラ・ド・ビル

Cruella De Vil

101 Dalmatians

シャン・ユー

Shan Yu

Mulan

奇襲を受けても突き進む 寡黙で残忍な大豪傑

北方騎馬民族、フン族の指導者。万里の長城を越え中国侵略を企む。武勇、策略に秀でているが、能力のない者や気に入らない者に対しては冷酷非道。さらには強靭な体も持つ。

Moana

モアナと伝説の海

胸キュンシーン

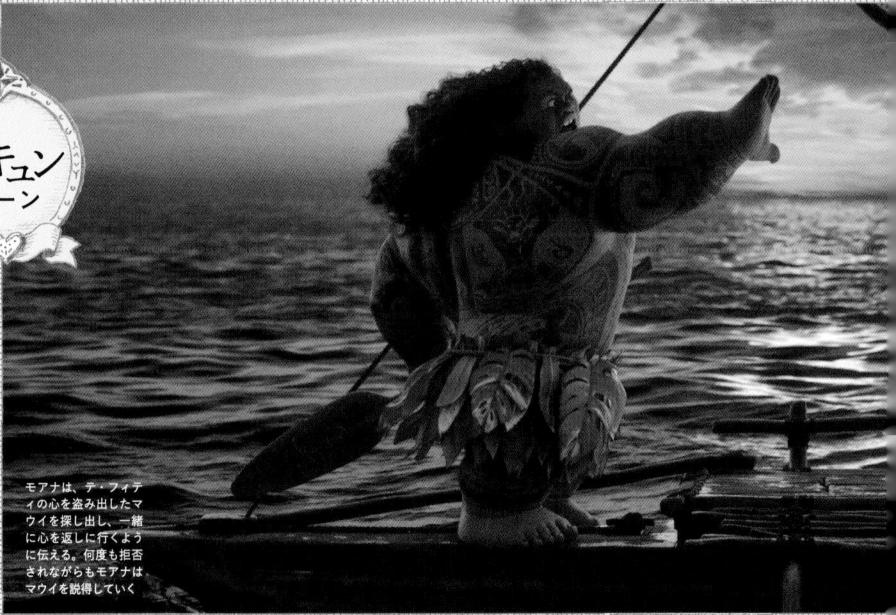

モアナは、テ・フィティの心を盗み出したマウイを探し出し、一緒に心を返しに行くように伝える。何度も拒否されながらもモアナはマウイを説得していく

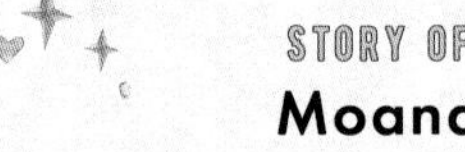

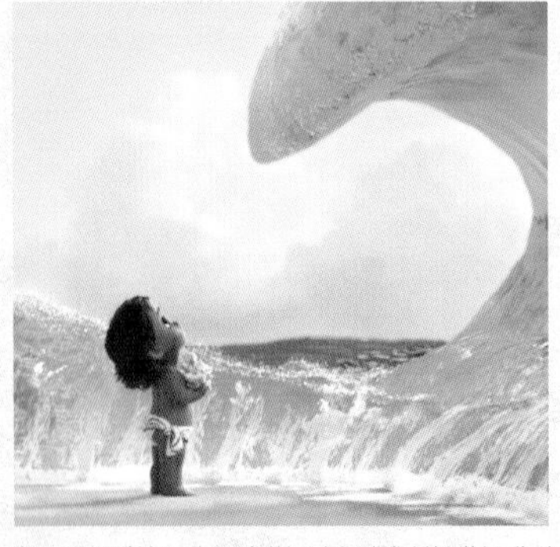

幼いモアナは砂浜で、まるで心があるように振舞う波と戯れ、海が運んできた緑色の石を目にし、海への好奇心が次第に高まっていく

STORY OF Moana

海を愛し、海に愛された少女モアナが サンゴ礁を超え、大海原へ旅立つ

モアナは海に選ばれた16歳の少女。はるか昔、島を作り、動植物を誕生させた海の女神テ・フィティの「心」が半神のマウイに盗まれた。テ・フィティが「心」を失うと作物は枯れ、魚がとれなくなり、島に闇が訪れた。闇に覆われる前に、サンゴ礁を超えてテ・フィティの元へ心を返さなければならない。タラおばあちゃんは村の子どもたちにそんな話を聞かせた。モアナは村の掟を破り、サンゴ礁を超えてマウイを探しに旅に出る。荒波を乗り越え、くじけそうになりながら、モアナはテ・フィティの「心」をマウイとともに返しに行く。海と島の平和を取り戻すために。

The success we seek isn't always success.

私たちが求める成功は、いつも成功とは限らないんだよ。ータラおばあちゃん

モアナ

Moana

タラおばあちゃん

Gramma Tala

モアナの祖母で、村長であり、父トゥイの母。島の伝説を子どもたちに語り伝え、海に選ばれたモアナにサンゴ礁を超えて航海に出るように伝え、モアナを送り出す

テ・カァ

Te Ka

海しかなかったこの世界に島・植物・動物を誕生させた命の女神テ・フィティ。マウイに心を奪われ、溶岩の悪魔テ・カァとなった

プア

Pua

村の掟を破って、プアとともにサンゴ礁の外へ出るモアナ。しかし、荒波に船をひっくり返され海の怖さを身をもって知ることになる

マウイは、体長15.2mの巨大なヤシガニから釣り針を取り戻し、何度もモアナから逃げようとするが、モアナに説得され行動をともにする

マウイ

Maui

姿を自在に変える能力を持つ武器「神の釣り針」を、魔物の国ラロタイで暮らす巨大なカニのタマトアから取り戻しよろこぶマウイ

ポリネシア諸島に残る島々の伝説を訪ねて

伝説が残る南国リゾート

タヒチ（フランス領ポリネシア）

モーレア島
Moorea Island

タヒチ島の北西にあり、首都パペーテからはフライトでわずか10分。映画『南太平洋』のモデルになった神秘的な島で、海面から切り立つ峰々をフランスの画家ゴーギャンは古城に例えた。深い緑に覆われ、南国植物が生い茂る島をブルーラグーンが取り込み、ウミガメやアカエイなどに出会える魅力的なダイビングスポットでもある。眼前にパノラマビューが広がるベルベデール展望台も有名だ。

島にある2つの大きな湾の1つ、オプノフ湾は北西に位置。「オプノフ」はタヒチ語でオニオコゼのお腹を意味する。湾はベルベデール展望台から見下ろせる

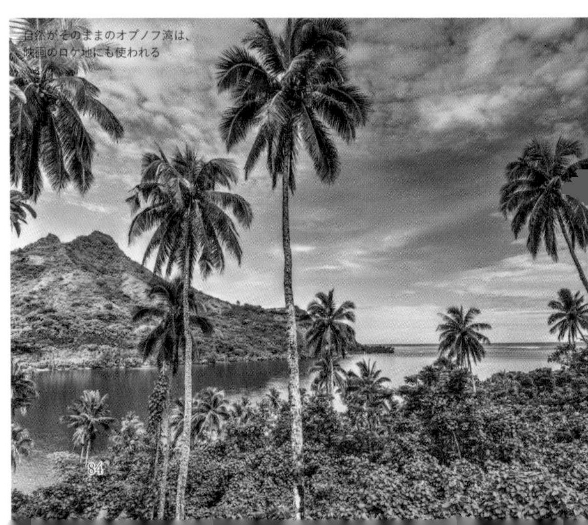

自然がそのままのオプノフ湾は、映画のロケ地にも使われる

天を突きさすように鋭く聳え立つのは、バリハイ山。まるで絵にかいたように美しい南の楽園を求めて、世界中から観光客が訪れる

DATA

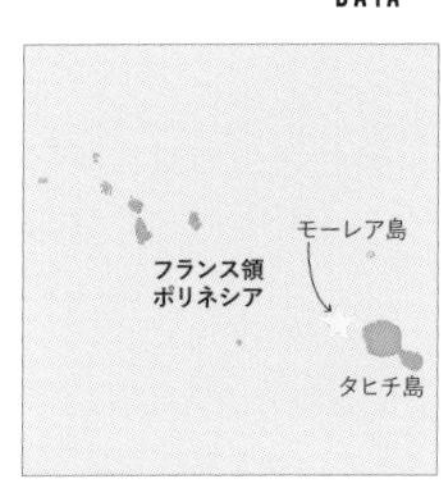

■交通：日本からフランス領ポリネシア・タヒチ島のファアア国際空港まで直行便で約11時間。タヒチ島からモーレア島までフェリーで約30分、または飛行機で約10分。

『モアナと伝説の海』のこのシーンをチェック！

モアナの祖母であるタラおばあちゃんが、村の子どもたちに古くから伝わる伝説を語り始めると、ポリネシア諸島でよくみられる島が現れる。半神マウイのタトゥーからフレンチポリネシアが舞台になったと推測できる。

母なる女神の島、テ・フィティ。鋭く尖った断崖の山が、訪れる者の侵入を拒む、ポリネシア諸島独特の島を形成している

サンゴ礁を超えた外の海にあこがれを抱くモアナ。波打ち際に断崖が迫り、背の高い椰子の木が影を落とす様はタヒチ周辺でよくみられる

コバルトブルーに輝く海と空、まぶしいほど輝く太陽。モアナは父の目を盗んで海辺に行き、海に選ばれし者となる

一瞬だけ登場！

フィジー、サモア、タヒチなどをロケハンし、南の島を舞台とした作品。そんな南国に『アナと雪の女王』の雪だるまことオラフが一瞬だけ登場する。といっても、モアナが船に荷物を詰めているシーンに、オラフの鼻であるニンジンと手である木の枝が残っている。夏に憧れたオラフは、自身の夢を叶えていたのだ！

Lilo & Stitch
リロ＆スティッチ

両親を亡くして寂しい思いをしているリロのために、姉のナニは犬を飼おうと提案する。そこでリロは、ナニと保健所に訪れ、スティッチと運命的な出会いを果たす。

スティッチの生みの親、ジャンバ博士は、監視役のプリークリーとともに、銀河連邦から逃げ出した彼を追ってカウアイ島にやって来る

暴れん坊だが実は孤独だったスティッチ。リロと一緒に過ごすことで愛情を知り、お互いにかけがえのないオハナになっていく

胸キュンシーン

O'hana means family. Family means nobody gets left behind. Or forgotten.

オハナは家族、家族はいつもそばにいる。何があっても―リロ

ナニ
Nani

水が苦手なスティッチだが、はしゃぐリロを見て一緒にサーフィンするように。その様子を監視していたジャンバ博士たちの影が忍び寄る

STORY OF
Lilo & Stitch

ハワイのカウアイ島を舞台に リロとスティッチのハチャメチャな生活が始まる

5歳のおてんばな女の子、リロは、ハワイのカウアイ島で親代わりの姉ナニと一緒に暮らしていた。ひょんなことから出会った不思議な生き物をスティッチと名付け、家に迎える。実は、スティッチの正体は遺伝子実験の試作品として創られたエイリアンだった。頭脳はスーパーコンピューター以上、自分より3000倍重い物体を動かすことができ、ふれるものすべてを破壊するスティッチは、トラブルを巻き起こしてばかり。いつでも家族（オハナ）として愛情を注いでくれるリロに対し、スティッチの心に感情が芽生え始めたころ、銀河連邦からの追っ手が迫っていた。

スティッチ
Stitch

家庭環境を心配する福祉局員のバブルスの言いつけを守ろうと、リロはスティッチにギターやフラダンスを教え、ちゃんとしつけようとする

リロ
Lilo

何事も器用にこなすスティッチは、リロと一緒にフラダンスのフェスティバルにも参加。最後はすっかり島の暮らしにも慣れたようだ

カメラが趣味のリロの部屋にはたくさんの写真が。心に変化を与えるきっかけとなった『みにくいアヒルの子』を読むスティッチの姿も

太古からの自然が残された ハワイ諸島最古のガーデンアイランド

ハワイ
↓
カウアイ島
Kauai

主に8つの島からなるハワイ諸島の最北に位置し、約500万年前に誕生したと伝わる。中央に聳えるワイアレアレ山は世界有数の降水量を誇り、火山が浸食されて現在のような渓谷美を造り出した。太平洋のグランド・キャニオンと呼ばれるワイメア渓谷や、海岸線のナ・パリ・コーストがその代表格。全体が豊かな緑に覆われており、「庭園の島」の呼び名にふさわしい。

＼スケールの大きな 自然の宝庫／

DATA

■交通：日本からハワイ・オアフ島のダニエル・K・イノウエ空港まで直行便で約7時間30分。空港からカウアイ島のリフエ空港まで直行便で約35分。

ノースショアの名所は27kmにおよぶ海岸線ナ・パリ・コースト。ほぼ垂直に切り立つ断崖は最高914mで、多くの滝が流れ落ちる

オアフ島
カウアイ島
デューク・カハナモク像
ハワイ島

ハワイ オアフ島
↓
デューク・カハナモク像
Duke Kahanamoku Statue

ワイキキで生まれ育ち、サーフィンの父と呼ばれるデューク・カハナモク。オリンピックの水泳競技で3個の金と2個の銀メダル、水球でもメダルを獲得し、引退後はサーフィンの振興に尽力。さらにはハリウッド俳優やハワイ親善大使としても活躍した。クヒオ・ビーチパークの前の銅像は、英雄の生誕100年を記念して建てられたもの。

DATA

■交通：ダニエル・K・イノウエ空港からホノルル中心部までタクシーやバスで約20分。
■住所：Kalakaua Ave., Honolulu, Oahu Is

サーファーのみならず、ワイキキを訪れる観光客には定番のスポット。ロングボードを背負うデューク像の前で記念撮影する人が後を絶たない。映画のエンディングでも、主人公たちが訪れた様子が見られる

最北端にあるキラウエア灯台は、回転式灯台としては世界最大のもので、1970年代まで使用されていた。自然保護区に指定されている

アメリカ メンフィス

グレースランド

Graceland

キング・オブ・ロックンロールと称されたアメリカのミュージシャン、エルヴィス・プレスリーの聖地。プレスリーが亡くなるまで約20年間暮らした邸宅「グレースランド マンション」をはじめ、敷地内には愛車や衣裳を展示する博物館やレストラン、公式ホテルなどがあり、まるで一大テーマパークのようだ。命日には多くのファンが訪れる。

DATA

■交通：日本からアメリカ・メンフィスのメンフィス国際空港まで経由便で約15時間。空港から車で約5分。
■住所：Elvis Presley Blvd., Memphis, TN38116 Tennessee
■時間：9〜16時

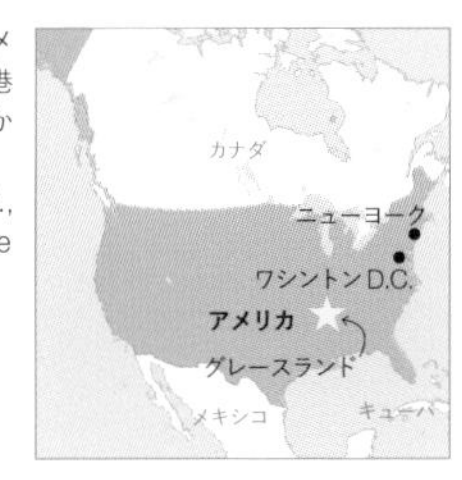

エルヴィス・プレスリーの音楽は映画に欠かせない要素で、この地もエンディングに登場する。有料のツアーに申し込めば、「グレースランド マンション」の豪華なリビングやダイニングルームなどを見学することができる

『リロ＆スティッチ』のこのシーンをチェック！

作中にはカウアイ島に実在する建物や風景が多数描かれている。リロやナニたちがサーフィンに興じるビーチや、物語のクライマックスで救出劇を繰り広げる火山など、ダイナミックな自然が描かれたシーンは必見だ。

自転車に乗ってカウアイ島内を駆け巡る2人。リロにとっても島の豊かな自然は誇りなのだ。奥にはキラウエア灯台が見える

トリビアCOLUMN

監督の熱い思い！

スティッチのユニークな声を演じたのは「リロ＆スティッチ」の監督であるクリス・サンダース。自らスティッチのキャラクターデザインを作り、新作映画の企画を持ち込んだそう。また、リロが好きなエルヴィス・プレスリーはハワイ出身で、映画制作時に没後25周年だったことから肖像やものまねをする許諾がおりたそうだ。

Big Hero 6
ベイマックス

胸キュンシーン

タダシが開発したベイマックスは傷ついた人の心と体を守るケアロボット。会ったばかりのヒロの痛みをコンピューレーターが分析

ヒロ・ハマダ

Hiro Hamada

大学に飛び級するためにヒロはマイクロボットを発明し、研究発表会でプレゼンテーションを行う。そのプレゼンは大成功をおさめる

大学の研究所で、兄のタダシが開発したベイマックスをヒロに紹介。刺激を受けたヒロは研究所に憧れを抱く

タダシ・ハマダ

Tadashi Hamada

ベイマックス

Baymax

兄のタダシに大学の研究所に連れて行かれたヒロ。そこで科学オタクたちが手掛けた数々の発明品を見せられ、ヒロは刺激を受け、研究発表会に参加する

戦闘用にバージョンアップしたベイマックスとともにサンフランソウキョウの大空へと旅立ち、夕暮れの中を自由に飛び回る

"It is okay to cry. Crying is a natural response to pain.

泣いてもいいんですよ。泣くことは、
痛みに対する自然の反応ですから。—ベイマックス"

ヒロ達は、タダシの死が事故ではなく、マイクロボットを狙ったものによる犯行なのではと推測し、仮面の男の正体を暴く

ヒロとベイマックスは、フレッドたちみんなと一致団結。仮面の男の正体を突き止めるために、それぞれの研究にあわせて開発したスーツを着て登場

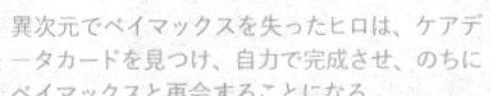

異次元でベイマックスを失ったヒロは、ケアデータカードを見つけ、自力で完成させ、のちにベイマックスと再会することになる

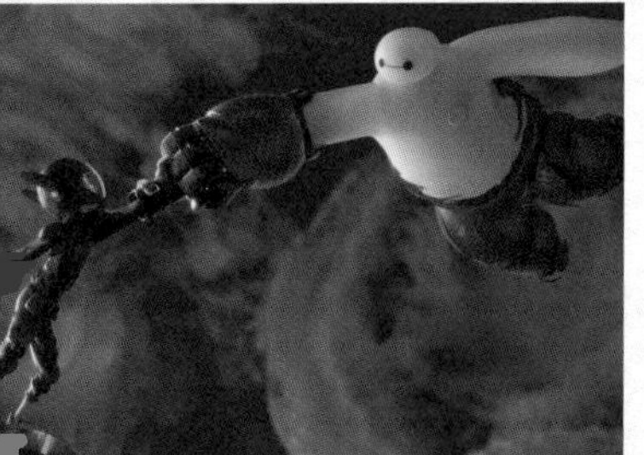

STORY OF

Big Hero 6

兄が開発した白くてまるいケアロボットと深い心の傷をおった少年ヒロとの絆を描いた物語

ヒロは天才的な科学の才能を持つ14歳の少年。兄のタダシは自分の所属する工科大学へヒロを連れて行き、開発した白くて風船のようなケアロボット、ベイマックスを見せる。刺激を受けたヒロは、マイクロボットのプレゼンを行い憧れのキャラハン教授のいる大学に入学することになる。だが会場が火事になり、取り残された教授を救いに入ったタダシは帰らぬ人となる。しかし、火災で失ったはずのマイクロボットが大量生産されていることがわかった。ヒロの命を狙う仮面の男の出現で、ヒロはベイマックスと力を合わせ、事故の真相を明らかにする。

アメリカ サンフランシスコ

マソニック・アベニュー周辺

Around Masonic Avenue

サンフランシスコのアンザ・ビスタからアッシュベリー・ハイツにかかる大通り。中心に位置するハイト・アシュベリー周辺ではレトロなレコード店やタバコ屋さんなど、60年代ヒッピームーブメントの中心地だった雰囲気が色濃く残る。カウンターカルチャーから生まれた個性豊かな一角では、今でもその面影を随所に見られる。

DATA

■交通：サンフランシスコ国際空港から車で約20分。
■ 住 所：Masonic Ave San Francisco, CA

通り沿いには、特徴的で可愛らしいデザインの家々も並んでいる。ヒッピーを生んだ街には静かな一面も

濃霧のなかに架かる サンフランシスコのシンボル

世界の文化が集まる
湾岸の町

アメリカ

ゴールデン・ゲート・ブリッジ

Golden Gate Bridge

サンフランシスコ市とノースベイを繋ぐインターナショナル・オレンジカラーの吊橋。全長2737m、支柱間1280m、渡りきるには車で約3分、徒歩で約30分もかかる。サンフランシスコ湾と太平洋間のゴールデン海峡は速い海流、強風、濃霧という過酷な海域で、建設不可能と言われていたが、苦労の末1937年に完成、当初は世界最長であった。

DATA

■交通：日本からサンフランシスコ国際空港まで約10時間。空港からBART（高速鉄道）またはバスで約1時間30分。
■住 所：Golden Gate Bridge, San Francisco, CA

水面から橋の中央部までの高さはおよそ67m。今まで橋の下を通れなかった船はないといわれ、クイーンエリザベス号ですら通り抜けた

様々な顔を持つこの地区は、一歩進むごとに景色が変わっておもしろい。有名なカストロストリートも近い

時代とともに日常的にフェリーが利用されることは少なくなったが、現在は人気スポットとしてサンフランシスコの中心となっている

アメリカ サンフランシスコ

フェリービルディング

Ferry Building

サンフランシスコのランドマークであり、おしゃれなショッピングスポット。かつてはフェリー乗り場の機能しかなかったが、2003年に市場として改装された。現在は人気店や有名店を含め、40以上の店が軒を連ねている。毎週火・木・土曜の週3回、建物の前や海側でファーマーズマーケットが開催され、敷地の東西にカラフルなテントが並ぶ。

DATA

■交通：サンフランシスコ国際空港からEmbarcadero駅までBART（高速鉄道）で約30分。駅から徒歩4分。
■住所：One Ferry Building San Francisco, CA

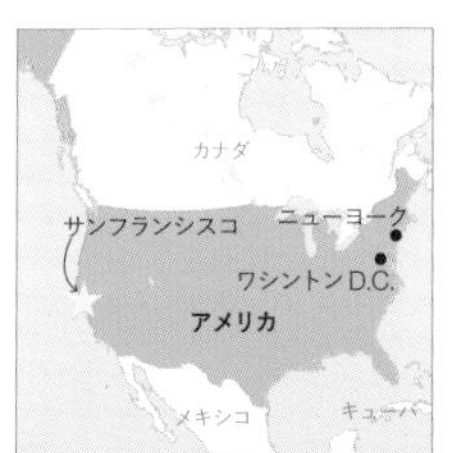

『ベイマックス』のこのシーンをチェック！

火事で消失したはずのマイクロボットをベイマックスが探しに外に出る。そこはまるでサンフランシスコのマソニック・アベニュー。ベイマックスとヒロが空飛ぶシーンでは、ゴールデン・ゲート・ブリッジらしき橋が登場する。

戦闘用にバージョンアップしたベイマックスとヒロがゴールデン・ゲート・ブリッジらしき上空を飛ぶシーンが見られる

集合体を形成するのを特徴とするマイクロボットが反応する方向へ向かうベイマックス。リアルなサンフランシスコの街並みのよう

ベイマックスはマイクロボットを探しにサンフランシスコ名物トロリーにも乗車。その様子も映像の中に見つかる

ヒロが非合法的なロボットファイトで大金を手に入れていた会場。その建物はまるでフェリービルディングをイメージさせる

トリビアCOLUMN

他の作品でも探してみて！

原作は1998年に登場した、マーベルコミックス。「X-メン」や「スパイダーマン」など、いままで数々のマーベル・コミックの原作を担当し、マーベル・メディアの名誉会長でもあるスタン・リーは、さまざまなマーベル映画にカメオ出演していることで有名で、今作にもフレッドの父親の声として出演している。

海外旅行気分で
大都市TOKYOを観光してみて

芝公園に立つ東京タワーは333m、日本で二番目の高さを誇る建築物。建造から60年以上、港区の景色に欠かせないランドマークとなっている

＼ 日本を代表する一大経済地区 ／

日本 東京

新橋・港区エリア

Shimbashi and Minato-ku Area

多くの有名企業が本社を構える日本の代表的なビジネス街。なかでも企業が密集する新橋は、日本の鉄道発祥の地とされ、140年も前から経済を支えてきた。埋め立て地の沿岸部は近代開発が目立つが、内陸は高低差の大きい地形で、江戸時代の名残をとどめる坂が多く見られる。大型商業施設も揃う東京きっての華やかなエリアだ。

DATA

■交通：JR東日本、東京メトロ銀座線、都営浅草線、ゆりかもめ新橋駅
■住所：東京都港区新橋

日本 東京

東京駅丸の内駅舎

Tokyo Station Marunouchi Station Building

1914年に建設された赤レンガ造りの駅舎。全長約335m、南北に特徴的なドーム型の屋根があしらわれた3階建て。1945年の空襲によって屋根部分と内装が失われ2階建てとなったが、2012年に復原・保存工事が完了、現代の技術を集結し設計図が残らない箇所も再現された。2003年には国の重要文化財に指定され、東京のシンボルとなっている。

DATA

■交通：JR東日本、東京メトロ東京駅
■住所：東京都千代田区丸の内1丁目

港区は日本を動かす経済の町。事業所数はおよそ4万、上場している企業だけでも420余、100万人もの人々が働いている

規模、高さ、数が日本最大の高層ビル群。高さ50m以上のビルだけでおよそ300棟あり、その中には200mを超える高層ビルも

戦禍により一度は失いかけた東京駅丸の内駅舎。当時の赤レンガと現代に作られた赤レンガが調和し、焼け落ちたドームも見事に復原

鉄道建設の際に見つけた子狸のために作った小屋から、新橋飲み屋街が発展したといわれ、いまでも開運狸の像が烏森口に置かれている

『ベイマックス』のこのシーンをチェック！

物語の舞台は、サンフランシスコの地形に東京のランドマークを融合させたような架空の街。その名もサンフランソウキョウ。目を凝らして見ると、東京の中心地にある見慣れた風景をあちこちで見つけることができる。

NTTドコモビルや愛宕タワーのような、東京の中心地にある建物がいろいろみつかる。ビルの上に東京タワーらしき塔もみることができる

ベイマックスが街を散策した際に歩いた新橋の高架下を思わせるシーン。一部、銀座線の旧渋谷駅を連想させるシーンもみることができる

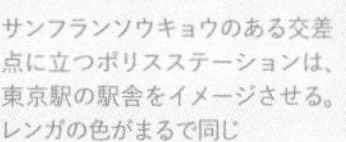

サンフランソウキョウのある交差点に立つポリスステーションは、東京駅の駅舎をイメージさせる。レンガの色がまるで同じ

Peter Pan
ピーター・パン

ウェンディ
Wendy

ピーター・パンに会えて大喜びのウェンディだが、影を縫い付けながら、この夜限りで子ども部屋を出なければならないことを告げる

ティンカー・ベル
Tinker Bell

影を見つけたティンカー・ベルは誤って引き出しに閉じ込められてしまう。ピーター・パンに近づくウェンディにやきもちを焼き……

ピーター・パン
Peter Pan

胸キュンシーン

ピーター・パンに誘われて、パジャマのまま夜のロンドンの街へ繰り出したウェンディたち。ネバーランドを目指して、空を飛び回る

Now, think of the happiest things. It's the same as having wings.

さぁ！うんと楽しいことを考えてごらん。
羽根が生えたのと同じになる。—ピーター・パン

妖精の粉を振りかけられた3人は、「楽しいことを考えてごらん」というピーター・パンのアドバイスを信じると空が飛べるようになる

STORY OF

Peter Pan

永遠に少年の心を忘れないピーター・パンとウェンディら3人姉弟がネバーランドを旅する

ダーリング家のウェンディ、ジョン、マイケルは、両親と一緒にロンドンで暮らしていた。空飛ぶ少年ピーター・パンの物語を信じる3姉弟に、ある晩、奇跡が起こる。影を取り戻すため、ピーター・パンが子ども部屋に現れたのだ！　彼はウェンディたちをネバーランドへと連れ出す。そこには、海賊、インディアン、人魚たちが暮らし、物語のような冒険が待っていた。一方、ピーター・パンを恨み、命を狙うフック船長は、妖精ティンカー・ベルを利用することを思いつく。やがて物語は、ウェンディたちを巻き込んだ一大事に発展……。

迷子たち
Lost Boys

ジョン
John

ジョンとマイケルは、ピーター・パンの子分の迷子たちとともにインディアンの村を目指すが、疑いをかけられ捕まってしまう

フック船長はティンカー・ベルを利用してピーター・パンの隠れ家の場所を突き止め、ウェンディら姉弟と迷子たちを捕らえる

かつてピーター・パンが切り落としたフック船長の左手を食べたワニ。その味が忘れられなくて再びフック船長を襲い、大ピンチ！

ワニ
Crocodile

フック船長
Captain Hook

眠らない街で時を刻み続けるロンドンを象徴する時計台

ビッグ・ベンが立つのは
19世紀、ゴシック・リバ
バル様式に再建されたウ
ストミンスター宮殿の北端

＼今にも物語が始まりそう／

イギリス ロンドン

エリザベス・タワー（ビッグ・ベン）

The Elizabeth Tower(Big Ben)

イギリスの国会議事堂、ウェストミンスター宮殿に付随する時計台は、ロンドンの顔。宮殿の設計を手掛けた建築家、チャールズ・バリーは時計の知識がなかったことから、デザインと工法は公募された。「ビッグ・ベン」は時計台のもっとも大きな鐘につけられた愛称で、工事を監督したベンジャミン・ホールのあだ名に由来する。

DATA

■交通：日本からイギリス・ロンドンのヒースロー空港まで直行便で約12時間30分。空港からPaddington駅までヒースロー・エクスプレスで約20分。駅からWestminster駅まで地下鉄で約20分。駅から徒歩約2分。
■住所：Houses of Parliament, Westminster, London SW1A 0AA.

イギリス ロンドン

タワー・ブリッジ

Tower Bridge

ゴシック様式の主塔が左右に立ち、さながらテムズ川に浮かぶ中世の城のような存在感。1894年に完成した跳開式の橋で、大型船が通る際には、八の字型に開閉する。塔の内部は橋の歴史や仕組みを紹介する博物館。2塔の間をつなぐ上部の展望通路からはロンドンの市街を見渡すことができ、一部の床がシースルーに。

DATA

■交通：Paddington駅からTower Hill駅まで地下鉄で約30分。駅から徒歩約5分
■住所：Tower Bridge Rd, London SE1 2UP

夜はライトアップされ雰囲気が一変。ロンドンを代表する景色のひとつ。橋の全長は244m、塔の高さは65m

『ピーター・パン』のこのシーンをチェック！

物語はウェンディたち3姉弟が暮らすロンドンの静かな住宅街から始まる。ネバーランドを目指して夜の空を飛び回るシーンでは、エリザベス・タワーやタワー・ブリッジなど、実在のロンドンの名所が画面に登場する。

テムズ川にかかるタワー・ブリッジは、その独特の形ゆえにシルエットだけでも認識できる。右奥にはロンドン塔が立つのがわかる

街中に鐘の音を響き渡らせるビッグ・ベンの時計の針の上でピーター・パンとウェンディたちがひと休みするファンタジックな場面

トリビアCOLUMN

大人になっちゃった？

『ピーター・パン』には続編『ピーター・パン2』がある。そこではウェンディが子供を持つ大人の女性になっている。久しぶりにウェンディを見たピーター・パンは「変わったな」と少しがっかり。また、原語版でウェンディを演じたのは『ふしぎの国のアリス』でアリスを演じた、キャサリン・ボーモント。

Up

カールじいさんの空飛ぶ家

2万622個もの風船で家ごと空を飛び、カールは南米ベネズエラにある、地上で最も美しいパラダイスの滝を目指す

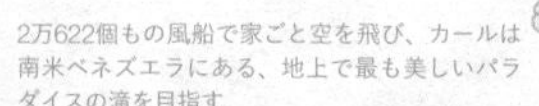

カール・フレドリクセン
Carl Fredricksen

胸キュンシーン

ラッセル
Russell

風船を膨らませて無事に出発したつもりが、ノックする音が……。お年寄りのお手伝いをする自然探険隊員の少年ラッセルがポーチにいた

ダグ
Dug

南米のジャングルで出会った犬。首につけられた言語装置によって人間と話すことができる。カールの忠犬になる

STORY OF
Up

愛する妻との約束を果たすため 長年暮らした家ごと冒険の旅に出る

カール・フレドリクセンは、78歳のおじいさん。冒険家チャールズ・マンツに憧れていた少年時代、冒険好きの少女エリーと出会い、意気投合する。ふたりはやがて結婚し、初めて出会った空き家を新居に暮らし、マンツが消息を絶った伝説の滝“パラダイスの滝”をいつか見に行こうと約束する。先延ばしにしているうちに年をとり、やがてエリーが病気にかかって、戻らぬ人に。その時、カールはエリーとの約束を思い出し、“パラダイスの滝”へ家ごと旅立つ冒険に挑む。ひょんなことから少年ラッセルと出会い、旅することで頑ななカールの心が解けていく。

ケヴィン
Kevin

ジャングルで出会ったのはチャールズ・マンツが探しに行った体長約12フィートのカラフルな怪鳥。ラッセルになついて、ついてくる

エリー
Ellie

エリーは幼いころに出会った、いま亡き最愛の妻。「わたしの冒険ブック」に“いつか私たちがやること”として、パラダイスの滝に行くことを夢見ていた

かつてエリーに「連れて行く」と約束して果たせなかった南米の秘境、パラダイスの滝。カールは約束通り、滝のそばまで家を運んだ

To the Paradise falls. You can take us there in a blimp! Swear you'll take us ! Cross your heart!

パラダイスの滝へ、あなたが飛行船で連れてってぜったい約束ね！誓って！―エリー

最愛の妻が他界し、立ち退き要求が迫る中、妻との思い出が詰まった家を守るため、カールは10297個もの風船を家に結び付け、家ごとパラダイスホールに向け旅に出る

怪鳥を生け捕りにして戻るとパラダイスの滝に行き消息不明になっていたマンツ。カールは憧れのマンツに出会うのだが命を狙われる

チャールズ・マンツ
Charles Muntz

マンツの手下の犬たちは、怪鳥を捕らえようと必死に探す。カールを見つけた犬たちは、主人のマンツのところへ連行する

ベータ
Beta

ガンマ
Gamma

アルファ
Alpha

天空から流れ落ちる
世界最大の落差を誇る滝

ベネズエラ

エンジェルフォール
Angel Falls

ベネズエラの秘境、ギアナ高地のシンボルとして知られる。1937年に滝を発見し、世に広めたアメリカ人探検飛行家のジミー・エンジェルが名前の由来だ。落差は世界最大級の979mで、地表に届く前に水が霧状になってしまうことから、滝つぼが存在しない。滝の下までボートで近づけるツアーもあるが、遊覧飛行で空から眺めれば、映画の世界を疑似体験できそうだ。

DATA

■交通：日本からベネズエラ・カラカスのシモン・ボリバル国際空港まで経由や乗継便で約27時間。空港から拠点都市のプエルトオルダスまで飛行機で約1時間。プエルトオルダスからカナイマ国立公園まで小型飛行機で約1時間。エンジェルフォールへは遊覧飛行か麓のライメ展望台へのハイキングとなる。

■住所：Angel Falls,Canaima National Park内

轟音を立てて
流れる様子は圧巻！

ユネスコ自然遺産に登録されたカナイマ国立公園内。ギアナ高地最大のテーブルマウンテン、アウヤン・テプイ山頂から滝が流れる

『カールじいさんの空飛ぶ家』のこのシーンをチェック！

2人が初めて会った空き家で、エリーが冒険ごっこで目指していたのは、"パラダイスの滝"。結婚してもその夢はあきらめずに彼女は家の壁にあこがれの地と家を描いた。そんな強い思いがカールの気持ちを動かした。

ふたりは幼いころに夢中になったパラダイスの滝について語り合い、パラダイスの滝を目指す貯金を始める。しかしたびたび出費が…

エリーが図書館の本から破いてきた南アメリカにあるパラダイスの滝の絵。見比べながら「エリーきれいだな、ついに来た」とつぶやく

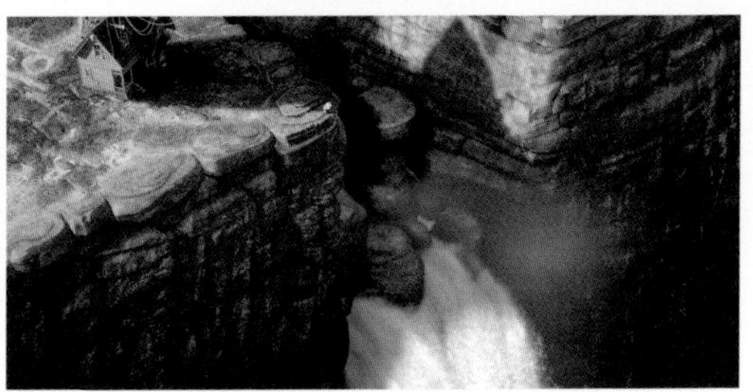

エリーがカールに見せた冒険ブック。彼女が描いた通り、カールは、パラダイスの滝のそばに2人が暮らした家を運ぶことができた

隠れキャラを探せ！

カールの家がうかびあがっていくシーンにうつる少女の部屋には、ピクサー作品のキャラクターが隠されている。ジョン・ラセターがピクサーで発表した初めての短編映画『ルクソー Jr.』に登場するボール、映画『トイ・ストーリー3』に登場するピンクのテディベア、ロッツォがベッドのわきに置かれている。

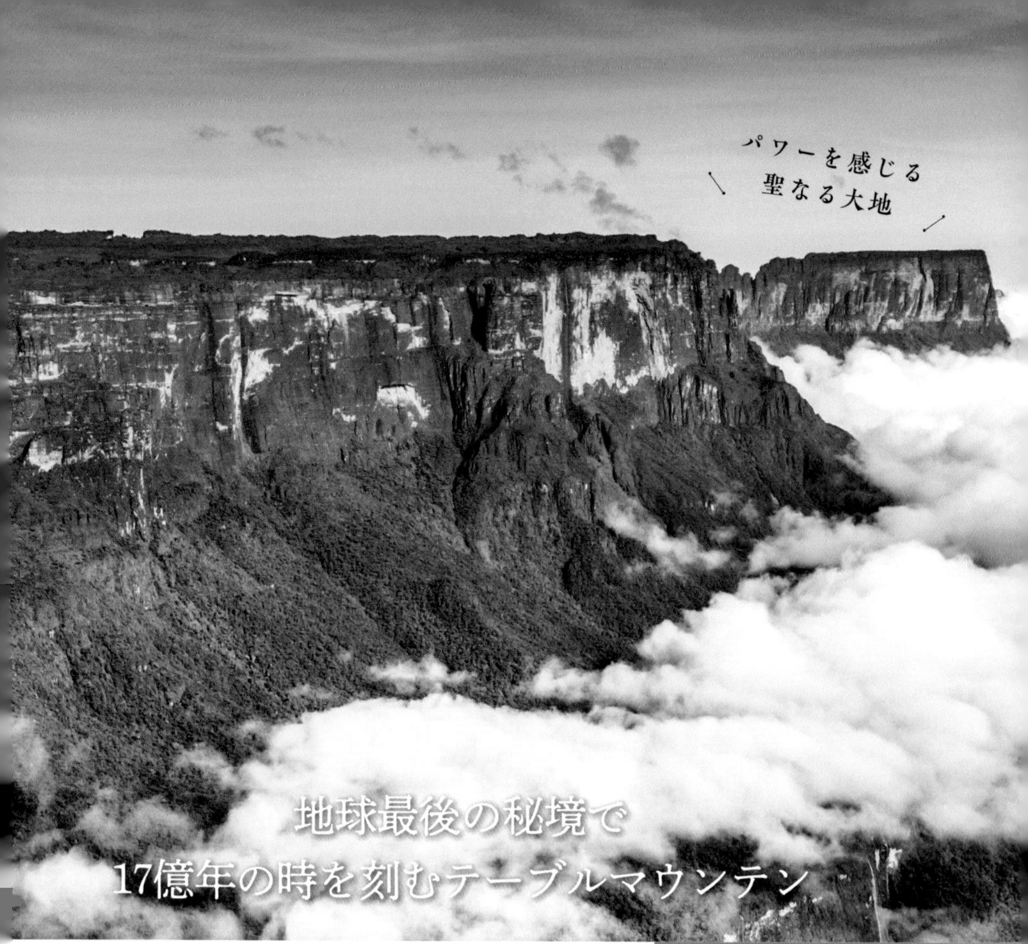
パワーを感じる
聖なる大地
地球最後の秘境で
17億年の時を刻むテーブルマウンテン

ベネズエラ

ロライマ山

Monte Roraima

ベネズエラ、ガイアナ、ブラジルの3カ国にまたがる国境に位置する標高約2810mの山。下界から隔離されるように雲海を突き抜けてそそり立つ姿はまるで空母のようで、「陸の軍艦」と称されることも。火山噴火や地震といった地質学的な変化の影響をほとんど受けず、地球最古の岩盤が残っていると考えられ、冒険心をかきたてる。

DATA

カラカス
ベネズエラ
ロライマ山
カナイマ国立公園
コロンビア
ガイアナ
ブラジル

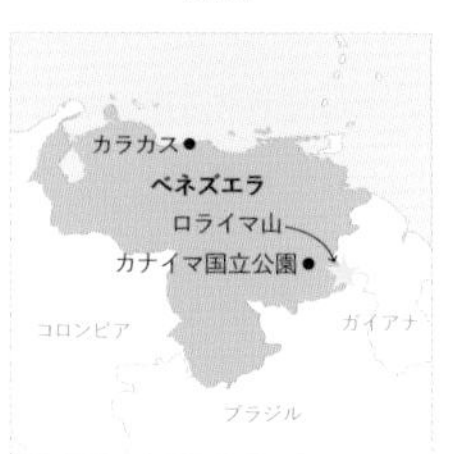

■交通：日本からカナイマ国立公園まではP102参照。ロライマ山へはトレッキングツアーなどで向かう。ヘリコプターで山頂に着陸できるツアーなどもある。

■住所：Canaima National Park内

「ロライマ」はペモン族の言葉で「偉大」という意味。5泊6日のトレッキングツアーが一般的で、乾季（12〜4月）が適している

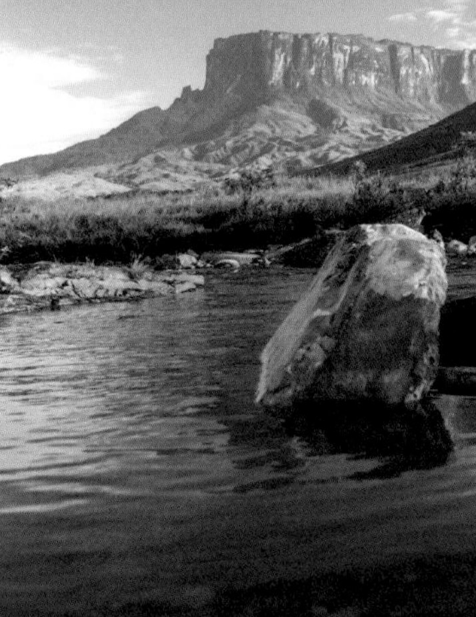

ふもとには標高約1000mのギアナ高地が広がる。コナン・ドイルのSF小説『失われた世界』の舞台のモデルとしても有名だ

常に湿度が高く、大雨が降ったり、照りつくような日差しが続いたりと天候が変化しやすい。激しい風雨の影響で形成された奇岩が見られる

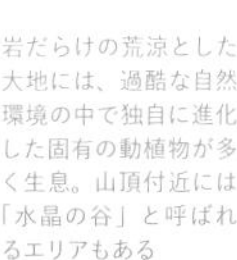

岩だらけの荒涼とした大地には、過酷な自然環境の中で独自に進化した固有の動植物が多く生息。山頂付近には「水晶の谷」と呼ばれるエリアもある

『カールじいさんの空飛ぶ家』の
このシーンをチェック！

目の前に現れたのは、エリーが夢見たパラダイスの滝。「滝まで歩くのに3日はかかるだろう」とカールとラッセルはテーブルマウンテンを歩き、奇岩のあるロライマ山を抜けていくことに。世界遺産に登録された奇岩を目にしながら、パラダイスの滝を目指す。

嵐に見舞われ、霧が晴れると遠くに目的地であるパラダイスの滝が目に入る。その瞬間、エリーとの約束を果たし、肩をなでおろす

標高差約1000mもの垂直な岩山が100以上も点在し、その威容を誇るテーブルマウンテン。その迫力と荘厳な美しさに2人は心奪われる

山の山頂に見られる岩を積んだような奇岩。パラダイスの滝に向かって歩く途中、機械を使って人間の言葉を話す犬のダグと出会う

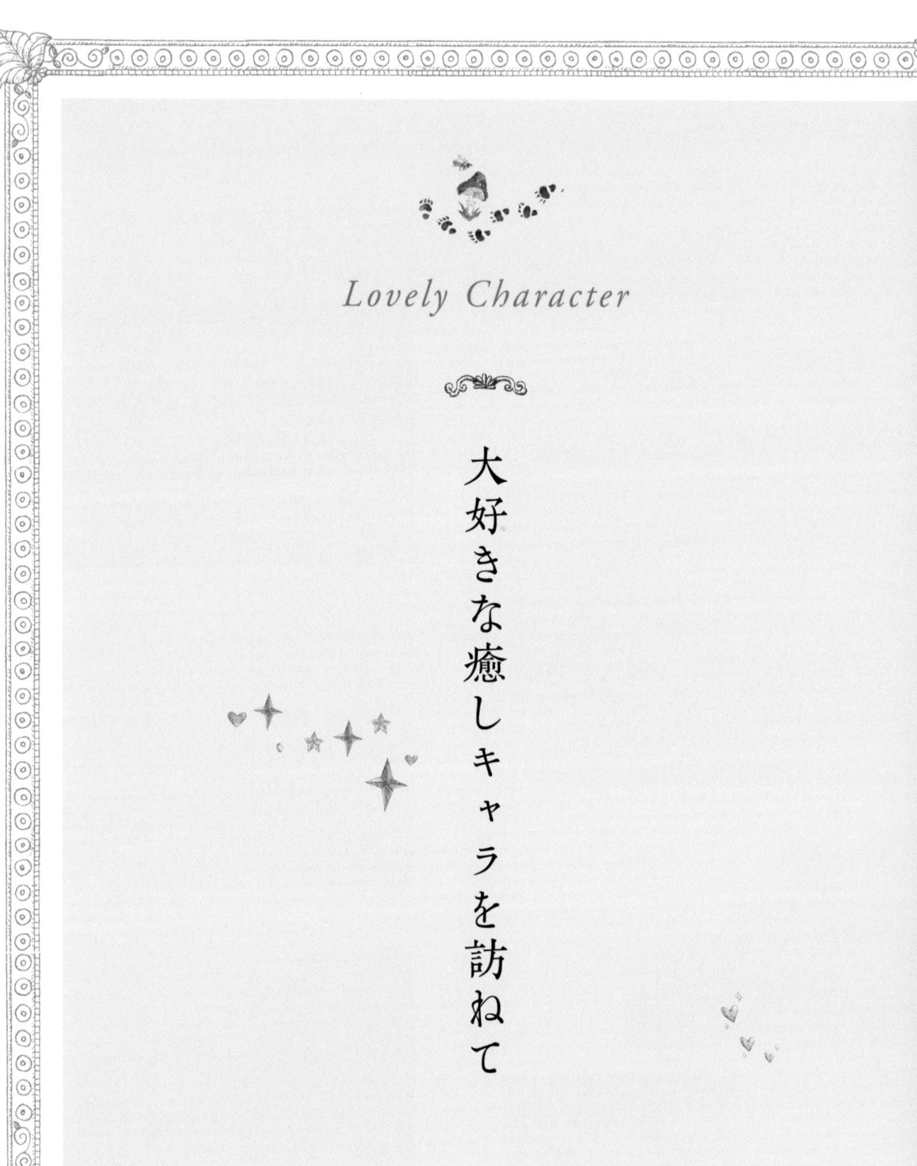

Lovely Character

大好きな癒しキャラを訪ねて

くまのプーさん
Winnie the Pooh
ライオン・キング
Lion King
ファインディング・ニモ
Finding Nemo
ファインディング・ドリー
Finding Dory
101匹わんちゃん
101 Dalmatians
おしゃれキャット
The Aristocats
レミーのおいしいレストラン
Ratatouille

Winnie the Pooh
くまのプーさん

胸キュンシーン

クリストファー・ロビン
Christopher Robin

プー
Pooh

ウォルト・ディズニーが子ども部屋で見つけた『くまのプーさん』の物語

ある日、ウォルト・ディズニーは、娘ダイアンの部屋から聞こえてくる笑い声に足を止めた。ダイアンが夢中になって読んでいたのは、イギリスの児童文学くまのぬいぐるみの物語『くまのプーさん』だった。ウォルトは、アメリカで必ずやヒットすると考え、映画の権利を獲得し、1966年に『プーさんとはちみつ』を公開した。アメリカでの知名度は低かったものの、映画は記録的な大ヒットをおさめた。その映画は当時中編として制作。そして、3回に分けて公開された『プーさんとはちみつ』『プーさんと大あらし』『プーさんとティガー』は、まとめられて長編アニメの仲間入りをした。

仲間たちに引っ張ってもらい、その勢いで飛んで行った先は、なんとはちみつがたっぷり入った木の株の中。プーさんは凝りもせずにお腹いっぱいはちみつを食べた

STORY OF
Winnie the Pooh and the Honey Tree
プーさんとはちみつ

1966年に公開された初のスクリーン作品。はちみつが大好きなプーさんはラビットの家ではちみつをお腹いっぱいごちそうになり、家の入口から出られなくなってしまう物語。

"What I like best is just doing nothing.
It's when grown-ups ask, "What are you going to do?"
And you say, "nothing." Then you go out and do it.

一番好きなのは何にもしないことだよ。大人になったら「何するの」って聞かれたら、「何も」って答えてね、そのまま外に行けばいいんだ。—クリストファー・ロビン"

風の音が泥棒だと勘違いし見張りをしているうちに変な夢を見て眠ってしまう。そのうち大雨が降って家の中は水浸しになって、プーさんは流されてしまう

100エーカーの森は、一面水浸しに。子ブタのピグレットも雨に流され、気づいたら目の前に大きな滝が現れ、滝つぼの中へ落ちてしまう

逃げ遅れたピグレットを知らないうちに助けていたプーさん。ふたりともクリストファー・ロビンに助けられ、「英雄をたたえるパーティー」を開く

STORY OF

Winnie the Pooh and the Blustery Day

プーさんと大あらし！

大あらしが吹き荒れる晩にプーさんは、はちみつ泥棒のズオウとヒイタチがはちみつを奪おうとする、おかしな夢を見る。翌朝目が覚めると100エーカーの森は洪水に見舞われる。

森のあちこちで跳ね回るティガー。ラビットはいつもティガーがぴょんぴょん跳ねることで迷惑を被っていた。この日も畑を荒らされて、こらしめようとおもっている

STORY OF

Winnie the Pooh and Tigger Too

プーさんとティガー

いつもしっぽを使って元気に飛び跳ねるトラのぬいぐるみティガー。畑を荒らされるなどいつもひどい目にあうラビットが、ティガーに思い知らせてやろうと策略するのだが……。

ぴょんぴょん飛んでいるうちに木のてっぺんにしがみつき、降りられなくなったティガー。無事に降りることができてティガーはぴょんぴょん跳ねて上機嫌！

プーさんとその仲間が暮らす 100エーカーの森

100エーカーの森にはプーさんの家があり、ラビットやイーヨーの家、そして、みつばちが集まる木や、ピクニックにいい場所などがある。世界で愛されるプーさんがどんな森に住んでいるのか覗いてみよう。きっと物語に触れるたびに臨場感がわいてくるはずだ。

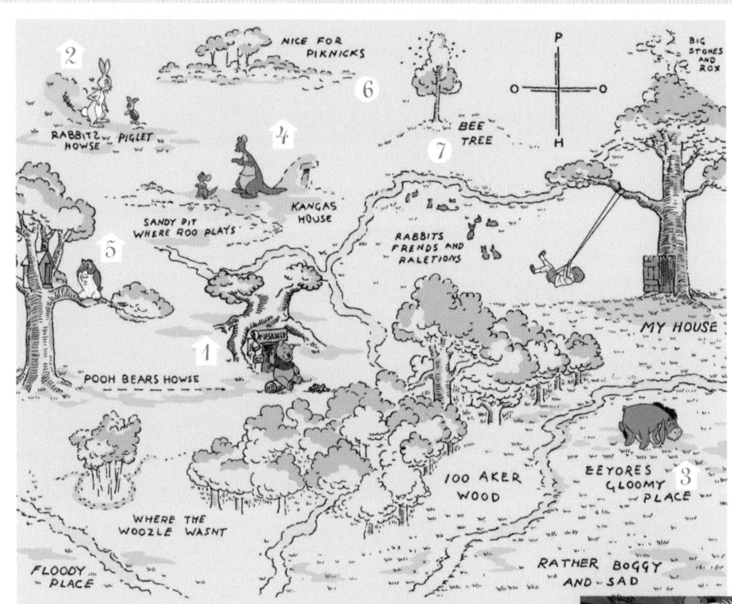

5 オウルの家

大きな木の上にしっかりと立つツリーハウスだが、大あらしの日に、オウルの家は大木もろともなぎ倒されてしまう

2 ラビットの家

大きな木が根を張る頑丈な家。入口が小さすぎて、はちみつをお腹いっぱい食べ過ぎたプーさんがはまったことがある

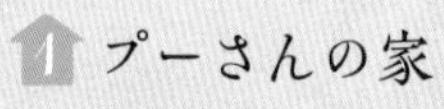

1 プーさんの家

オークの木の根元に作られたプーさんの家。大きな文字で、なぜか「ミスター・サンダース」と書かれた家に住んでいる

6 ピクニックにいいところ

ここはプーさんたちがパーティやピクニックを行う場所。プーさんがピグレットを助けて表彰されたのもこの場所だ

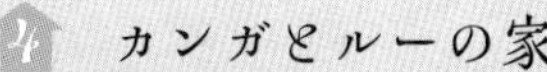

4 カンガとルーの家

立派な玄関のある2階建て。とっても仲がいい親子なのに、カンガとルーは、家の前にポストを別々に設置している

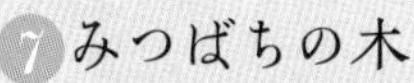

7 みつばちの木

プーさんが大好きなみつばちの巣がある木。風船で木の上まで上がり、はちみつを食べて、みつばちに追いかけられる

3 イーヨーの家

イーヨーの家は「GLOOMY PLACE」という場所にある。訳すと「じめじめした場所」のこと。木を組んだ簡素な家だ

物語の世界が広がる
英国カントリーサイドへ

イギリス

アッシュダウンフォレスト
Ashdown Forest

ロンドンから南に約48km、イースト・サセックス州にあり、100エーカーの森のモデルになった。遊歩道が整備されているので、ガレオンズ・ラップの元になったジルズ・ラップなど、物語を追体験できるスポットを目指してみよう。挿絵を担当したアーネスト・ハワード・シェパードがスケッチしたと思われる木々も残されている。

DATA

■交通：日本からイギリス・ロンドンのヒースロー空港まで約12時間30分。空港からEast Grinstead駅まで地下鉄、バスで約2時間。駅から森のある町ハートフィールドまでバスまたはタクシーで約30分。
■住所：The Ashdown Forest Centre, Coleman's Hatch Road, Wych Cross, Forest Row, East Sussex, RH18 5JP

総面積は約2396haにおよび、森林地帯は全体の40%未満で、その他はヒースランド（低地）。多くの野生動物や放牧動物が見られる

プーの棒投げ橋

Poohsticks Bridge

プーさんたちが棒投げ遊びをする橋として有名で、多くの観光客が訪れる。棒投げゲームは小さな枝を橋の上流側から同時に川に落とし、下流側から最初に流れてきた棒の持ち主が勝者となる。

森の中に現れる木橋は、当時の雰囲気に近づけて修復。ハートフィールドの町にあるショップ「プー・コーナー」からは、歩いて40分ほどで到着

『くまのプーさん』のこのシーンをチェック！

生い茂る木々や草花、小川など、アッシュダウンフォレストを思わせる豊かな自然が全編にわたって描かれており、登場人物たちが生き生きと見える。「プーの棒投げ橋」など、実在するスポットもあるので注目を。

映画のラスト、学校に行くことになったクリストファー・ロビンがプーさんとの別れを惜しんでいつものように橋で棒投げ遊びを楽しむ

トリビアCOLUMN

プーの棒投げにチャレンジ!?

プーさんと仲間たちが住む100エーカーの森の舞台は、イギリスにある森アッシュダウンフォレスト。プーさんたちが遊ぶ場所も実在し、たとえば、橋の上から行う棒投げの橋などもある。また、プーの棒投げは、World Poohsticks Championships（プーの棒投げ世界選手権）として毎年6月にオックスフォードで開催されている。

Lion King
ライオン・キング

胸キュンシーン

シンバ
Simba

プライドロックで、サバンナの長老であるヒヒのラフィキが掲げているのは、プライド・ランドの王であるムファサの息子シンバ。王国の動物たちにお披露目

ラフィキ
Rafiki

呪術師であり、王の最初の子どもの誕生の儀式には欠かせない存在。年はとっているものの格闘技術は高い。シャーマンのような役割を担う

サラビ
Sarabi

ムファサ
Mufasa

ムファサは誰からも信頼される誠実で誇り高き王。サラビとの間に生まれたシンバに、ムファサは狩りの仕方やプライド・ランドでのルールを教える

Look inside yourself. You are more than what you have become.

自分自身の中身をよく見つめろ。
本当のお前は今のお前以上なんだぞ。―ムファサ

ナラ
Nala

王の弟であるスカーは、言葉巧みにシンバがプライド・ランドの外にある「ゾウの墓場」に興味を持つように話しかける。それを聞いたシンバはナラを誘って出かける

スカー
Scar

ムファサとシンバの殺害を企むスカーは、ヌーの大群をおどし、シンバがいるところへ暴走させる。シンバの危機を伝え、ムファサをヌーの大群のもとへ突き落すつもりだ

STORY OF
Lion King

ムファサを殺したのは自分だと、真実を告げられると、シンバはスカーに襲い掛かる。父親であるムファサを殺した手口と同じように、スカーを崖の下へ突き落とす

百獣の王は息子に「サークル・オブ・ライフ」命の連鎖の理念を教える

動物の王国プライド・ランドに君臨する偉大な王の息子として生を受けた、シンバ。その陰で王位を狙い、甥であるシンバと王ムファサを亡き者にしようと企むムファサの弟スカーがいた。シンバをヌーの暴走に巻き込み、助けようと駆けつけたムファサは、スカーによって命を落としてしまう。父親を失い、生きる勇気を失い砂漠に倒れていたシンバを見つけたのは、ミーアキャットのティモンとイボイノシシのプンバァ。やがて月日が流れ、大人になったシンバは幼なじみのナラと再会し、荒れた王国の現状を知る。過去と向き合い父親の死の真実を知ったシンバはスカーと対決することに。

ライオン・キング
Lovely Character

プンバァ
Pumbaa

父親を失い、故郷を追われ、絶望に支配されたシンバ。行き倒れになり、ハゲタカに襲われそうになったところをティモンとプンバァが救う

ティモン
Timon

シンバはティモンとプンバァと一緒に「くよくよするな、なんとかなるさ」とう意味の「ハクナ・マタタ」をモットーに生きる

弱肉強食が掟のサバンナにおいて、ライオンは圧倒的な存在感を放つ。百獣の王でも狩りの成功率は約2割というから、自然界の厳しさを感じずにいられない

世界遺産に登録された国立公園の面積は、日本の1都3県の合計よりも広い1万4763㎢。緑豊かな雨季は2〜6月と10〜11月、乾季は7〜9月と12〜1月だ

沈みゆく太陽を背景に浮かび上がる、アカシアの木とヌーの群れのシルエット。映画にも出てくるドラマチックな光景も、ここでは毎日のように見られる

果てなきサバンナに広がる 世界最大の動物の楽園

ンゴロンゴロクレーターの水辺に集まるフラミンゴの群れは、映画の中にも登場。雨季になると、タンザニア南東部や北東部の湖から飛来してくるという

乾季になると、ヌーの大群が草や水を求め、ケニアとタンザニアの国境を越えて大移動を開始する。次々に川へと飛び込む様子は圧巻

タンザニア

セレンゲティ国立公園

Serengeti National Park

キリマンジャロの裾野に広がるタンザニア最大の国立公園は、マサイの言葉で「果てしなく広がる平原」を意味する。この地に生息する哺乳類はおよそ300万頭。草を求めて大移動するヌー大群に、それらを狙うライオンやチーターら肉食動物。生態系を守るために繰り広げられるサバイバルが、この楽園の日常だ。

DATA

■交通：日本からタンザニア・アルーシャのキリマンジャロ国際空港まで乗継便で21時間以上。空港からアルーシャ中心地まで車で約1時間20分。アルーシャからセレンゲティ国立公園中心部、セロネラまで飛行機で約1時間。
■住所：Selengeti National Parks 3134 Arusha

タンザニア

ンゴロンゴロ自然保護区

Ngorongoro Conservation Area

セレンゲティ国立公園の南東に広がる総面積約8292㎢の自然保護地域。標高2300～2400mの外輪山に囲まれた「ンゴロンゴロ」は、3つあるクレーターの1つ。サバンナや森林、湖沼などの自然環境に富み、約2万5000頭の多種多様な野生動物が暮らす。周辺ではマサイ族が放牧を営み、動物たちと共存する。

DATA

■交通：キリマンジャロ空港から車で約4時間。
■住所：Ngorongoro Conservation Area

『ライオン・キング』のこのシーンをチェック！

プライド・ランド全土が見渡せるプライドロック。真っ赤に燃えるような太陽が大地に沈むシーンや、乾季に大移動するヌーの群れ、ペリカンが羽を休めにやってくる湖など、サバンナで見かけるシーンが続々と登場する。

ライオンが好む、あたりを見渡せるプライドロック。乾季や雨季、そして食物連鎖など、スクリーンには生きているアフリカが描かれている

サバンナにあるアカシアの木が映画のワンシーンに描かれている。真っ赤に燃えるような太陽が大地に溶けていくかのよう

きびしい乾季が近づくと、エサを求めてヌーなどの草食動物の大移動が始まる。スカーの悪だくみにより刺激を受けたヌーが大暴走。シンバが巻き込まれそうに

雨季になると湖が出現し、多くのフラミンゴが羽を休めにやってくるワンシーン。すると湖はピンク一色に染まる

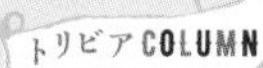

動物たちの動きを大研究！

最初は「キング・オブ・ジャングル」というタイトルであったが、「ライオン・キング」に変更された理由として、ライオンはジャングルに生息していない、という当然の理由だった。また、スタジオには本物のライオンなどをはじめ、いろいろな動物を連れてきて、ディズニー映画『バンビ』と同じように動きの研究を行って描いた。

厳しい自然の中を
生き抜く動物たち

地球の鼓動を感じる アフリカを象徴する景勝

DATA

■交通：キリマンジャロ国際空港から車で約2時間。
■住所：Kilimanjaro National Park 00255

アーネスト・ヘミングウェイの小説『キリマンジャロの雪』で有名。雪を冠した最高峰のキボ峰山頂にはカルデラがある

スワヒリ語で「輝く山」を意味し、タンザニア北東部に聳える。山域の国立公園は総面積約755㎢におよび、自然遺産に登録されている

大地を切り裂くかのような轟音が。現地のマコロロ族には「モシオトゥニャ（雷鳴の轟く水煙）」と呼ばれ、畏怖の対象だった

タンザニア

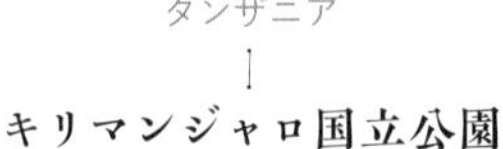

キリマンジャロ国立公園

Kilimanjaro National Park

75万年前の火山活動によって誕生したアフリカ大陸の最高峰、キリマンジャロ。赤道の約300km南にある標高約5895mの山は、多彩な生態系を見せる。3000m付近まで熱帯山地雨林が続き、標高が上がるごとに草原、砂漠へと変化して、山頂は氷河と万年雪に覆われた銀世界に。ふもとに広がるサバンナとのコントラストが見事だ。

『ライオン・キング』のこのシーンをチェック！

大きな耳をひるがえし、砂ぼこりをあげながら、プライドロックを目指すアフリカゾウの群れ。勇ましく移動する姿に躍動感を覚える

映画の冒頭で流れる東アフリカの大自然。アフリカの最高峰、キリマンジャロや、落差約500mを誇るヴィクトリアの滝など、アフリカの大地そのものが、映画『ライオン・キング』の大きな魅力のひとつになっている。

爆音とともに大地の割れ目にたぎり落ちるヴィクトリアの滝。巨大な水のカーテンを渡り鳥が水しぶきを浴びて飛んでいく

キリマンジャロの山頂は雪や氷河に覆われ、麓は灼熱の太陽が照りつける。そのなかを、ゾウの群れが大移動する様子は現実的にもよくある光景

ジンバブエ

ヴィクトリアの滝

Victoria Falls

ライオン・キング

ジンバブエとザンビアの国境にある幅約1700m、落差約108mの滝は、世界三大瀑布の1つ。1855年、探検家デビッド・リビングストンがこの滝に到達し、母国イギリスの女王にちなんで命名した。ザンベジ川の中流域に250万年前に形成したと考えられ、現在も川底を侵食しながら、年数cmずつ上流に後退し続けている。豊富な水の恩恵を受ける周辺には、900種類以上の植物が自生する。

DATA

■交通：日本から南アフリカ・ヨハネスブルグのO・R・タンボ国際空港まで乗継便で約19時間。空港からジンバブエ側のビクトリアフォールズ空港まで約2時間。空港から車で約20分。
■住所：Mosi-o-tunya Road,Livingstone

1枚のカーテンのように見えるが、水量が少ない時期は6つのパートに分かれる。雨季の終わりの水量は毎分最大5億ℓに達するという

＼なくてはならない縁の下の力持ち／

物語を盛り上げる名わき役図鑑

主人公の親友であり、相棒であり、ライバルであるわき役たち。助け合い、励まし合いながら、ときには騒動も巻き起こす。物語のスパイスになるキャラクターはこちら。

Lumière ルミエール
Cogsworth コグスワース　Mrs. Potts ポット夫人

Beauty and the Beast

ベルと野獣の背中を押す使用人たち

魔女の呪いで姿を時計に変えられた執事頭のコグスワースと、蝋燭に変えられた給仕頭のルミエール。硬派な執事と軟派な給仕は、度々衝突する犬猿の仲であり良き相棒でもある。ポット夫人は、世話好きで、ベルのことをやさしく見守るポット姿のメイド頭。使用人の中でももっとも古株で、館の主人である野獣さえも従うほど。チップという子どももいる。

Gus ガス　Jaq ジャック

Cinderella

小さくても頼りになるシンデレラの友人

ジャックは赤色のシャツと帽子がトレードマークのネズミたちのリーダー。ガスは食いしん坊で太っちょの新入りネズミ。意地悪な猫のルシファーに追いかけられながらも、大好きなシンデレラをよろこばせるため、サプライズでドレスを仕立てあげるなど、小さな体で奔走する。勇敢なジャックの後に続いて、臆病なガスも走り回る。

Abu アブー

Aladdin

盗人の機転でアラジンを救う最高のパートナー

アラジンの相棒。言葉は話さないが意思疎通ができ、アラジンの世話を焼いたりする。盗みの天才で物欲が強く、光り物や金目の物に目がない。欲しいものには手を出さずにはいられない手癖の悪さのせいで、アラジンを巻きこんでピンチに陥ってしまうことも。

Sebastian セバスチャン

The Little Mermaid

生真面目で心優しいお目付け役

トリトン王に仕える宮廷音楽家であり、アリエルの監視役。お転婆なアリエルに手を焼き、文句を言いつつも責任感の強さから役目を果たそうとする。声を失ってでもエリックのもとへ向かおうとしたアリエルの心に触れ、結局は彼女の恋に協力していく。

Flounder フランダー　Scuttle スカットル

The Little Mermaid

アリエルの気持ちに寄り添うよき理解者

フランダーはどんなときでもアリエルを理解し、味方をしてくれる親友。とても怖がりで臆病な性格のため、アリエルの大胆な行動にいつもハラハラドキドキさせられている。スカットルはとても音痴で陽気なカモメ。ヴァネッサに化けたアースラの正体を見破ったり、エリックとヴァネッサの結婚式を妨害したり、アリエルとエリックのために奔走する。

Pascal パスカル

Tangled

囚われの姫が心を許すただひとりの友人

ラプンツェルの親友であるカメレオン。塔に閉じ込められたラプンツェルにとって唯一、希望や夢を語れる存在。ラプンツェルとともに、不思議な灯りの正体をつきとめる冒険に出る。

Maximus マキシマス

Tangled

義理堅く頼りになる賢い白馬

お尋ね者フリンを捕まえようとする警備隊長の馬。鋭い嗅覚でフリンを追い回していたが、ラプンツェルに出会ってからは、フリンと協力して彼女の夢をかなえようとする。

Mushu ムーシュー

Mulan

お調子者で勇敢な小さいドラゴン

銅鑼叩きに降格したムーランの守護竜。いい加減なお調子者であり、ムーランを英雄にすることで、再び守り神になろうと企む。彼女が出陣した後を追って旅に出る。

Cri-kee クリキー

Mulan

ムーランを支える幸運のお守り

ムーランの祖母がお守りとして持たせてくれた幸運のコオロギで、ムーランのお見合いを失敗させた張本人。実際は普通のコオロギなのだが、少しずつ幸運をもたらすようになる。

Pua プア

Moana

島の人々を癒す忠実な子豚

モアナについてまわる、泣き虫で臆病なペットの子豚。モアナと海に出ようとして波にのまれて以来、海を恐れるようになってしまった。いつも島でモアナの帰りを心待ちにする。

Heihei ヘイヘイ

Moana

サイケデリックな旅のアクセント

島に住むとても頭の悪いニワトリ。前に進むことと食べること、叫ぶことくらいしかできない。知らないうちに船に乗り込んでいたために、モアナと一緒に旅に出ることになる。

Dug ダグ

Up

人懐っこいカールの友人

チャールズ・マンツ率いる犬軍団の一員だったが、落ちこぼれ扱いされ、いつもひとりで行動していた。カールとともに行動するうちに、彼を主人だと慕うようになる。

Pumbaa プンバァ Timon ティモン

Lion King

シンバの命を救った愉快なでこぼこコンビ

陽気でお調子者なミーアキャットのティモンと、気の優しい大食いイボイノシシのプンバァは、オアシスに住む親友同士。お互いに出会うまで群れからのけ者にされた同士であった。シンバがナラと再会したことでオアシス生活が終わってしまうのではと危惧することもあったが、プライド・ランドへ戻ることを決めたシンバを放っておけず、協力することになった。

Sven スヴェン

Frozen

クリストフの孤独を分かち合う相棒

子どものころからクリストフと過ごしてきた相棒のトナカイ。寄り添って生きるふたりは、ひとつのニンジンも分け合ってきた仲。言葉は喋れないが、クリストフやアナに忠実で、豊かな表情と行動で意思の疎通をはかる。クリストフがときどき腹話術を使ってスヴェンの言葉を勝手に代弁するが、いざという時にはスヴェン自らの意思で行動する。クリストフのよき相棒。

Crush クラッシュ

Finding Nemo

マーリンの背中を押すユーモラスなウミガメ

朗らかで大らかな性格のウミガメ。自由を愛する150歳現役サーファーだ。まだまだ若いと自称するとおり、激しい海流もなんなく乗りこなす。子育てには子どもの自由な意思を尊重することも大事だとマーリンに教えたように、息子のスクワートものびのび育てている。クラゲの毒で気を失ったマーリンたちを助け、シドニー近くまで送り届ける。

Olaf オラフ

Frozen

愛のつまった純粋な雪だるま

暖かな太陽のもとで過ごしてみたいと夢見る、夏に憧れる不思議な雪だるま。王国から逃げているときにエルサが魔法の力で作り出したものだが、もとはエルサとアナが作った普通の雪だるまだった。アナがつけてくれたニンジンの鼻がお気に入り。幼い頃のアナとエルサの幸せな思い出がたくさんつまっている、離ればなれになった姉妹を繋ぐ大事な存在。

Finding Nemo
ファインディング・ニモ

ニモ
Nemo

マーリン
Marlin

400個の卵の中から唯一生き残ったカクレクマノミのニモ。心配性のマーリンは過保護に育てる。ニモにとってそれは少し重荷になっていた

マーリンとドリーが出会ったのは巨大な3匹のサメ。彼らはイメージアップのために「魚はお友達、エサじゃない」をモットーに活動中だった

卵を産み、幸せにひたっていたマーリンとコーラルにバラクーダが襲い掛かる。気がつくとマーリンの前に残されたのは、たったひとつの卵のみ

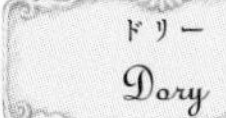

ドリー
Dory

字が読めるドリーと出会ったマーリンは、ダイバーが落としていった水中眼鏡の文字を読み、ニモをさらったダイバーの住所を突き止める

胸キュンシーン

"*Well, you can't never let anything happen to him. Then nothing would happen to him.*

子どもになにも起きないようにしたら、
子どもはなにもできない。—ドリー"

スクワート
Squirt

クラッシュ
Crush

東オーストラリア海流の乗り方を教えてくれたウミガメの親子クラッシュとスクワート。息子をのびのびと育て、子どもはいつか親離れすることをマーリンに話す

Lovely Character
ファインディング・ニモ

STORY OF
Finding Nemo

愛する息子を探しに父親マーリンと相棒ドリーの奇跡の旅が始まった

グレート・バリア・リーフに新居を構え、やがて孵化する400個の卵を守りながら、幸せに暮していたマーリンとコーラルの前に、狂暴なバラクーダが襲いかかってきた。傷つきながらも助かった卵はひとつだけ。ニモと名付け大切に育てることにした。そんなある日、過保護の父親に反抗的になったニモは、人間のダイバーにつかまってしまう。マーリンが途方に暮れているときに出会ったのが、物忘れの激しい魚のドリー。行き先はどうやら遠く離れたシドニー。出会ったウミガメのクラッシュの案内で、東オーストラリア海流に乗り、マーリンはニモを助けに行く。

歯医者の診療所を見学するのが好きなペリカン。息子を探している噂を聞いて、マーリンとドリーを歯医者の診療所へ案内する

ナイジェル
Nigel

オーストラリアの東岸に横たわる
2300kmに及ぶ世界最大級のサンゴ礁

鮮やかな
グラデーション！

オーストラリア
↓
グレート・バリア・リーフ
Great Barrier Reef

クイーンズランド州沿岸から沖合に広がり、2900のサンゴ礁帯、600の大陸系の島、300のサンゴ礁の小島から成る世界自然遺産。1600種類以上の魚類をはじめ、色とりどりの海洋生物が生息する海の楽園は、世界中のダイバー憧れの地だ。一部の島はリゾートとして開発されたが、手つかずの自然が今もなお多く残っている。

オーストラリアの海の玄関口として知られる湾岸には、シドニーの象徴的な建物が並ぶ

オーストラリア
↓
シドニー
Sydney

オーストラリア南東部に位置する南半球の代表的な都市。タスマン海に面する海の玄関口、シドニー湾は、世界3大美港のひとつに数えられる。作品にも登場する湾岸のランドマークや、歴史ある街並みが続くロックスといった観光名所のほか、ボンダイビーチ、ブルー・マウンテン国立公園など豊かな自然を満喫できるスポットも数多く揃っている。

色とりどりのサンゴはおよそ400種類で、海洋生物と共存する。作品に登場するカクレクマノミやナンヨウハギなどに出会えるかも!?

面積は約35万㎢、日本列島がすっぽり収まるほどのスケール。約1800万年前に誕生し、約200万年前から石灰岩が堆積し、その上に珊瑚が生息し始めたと考えられている

DATA

■交通：日本からオーストラリア・シドニー国際空港まで直行便で約9時間30分。
日本からグレート・バリア・リーフの玄関口となるケアンズ国際空港まで直行便で約7時間15分。

寄り添って泳ぐニモとマーリン。テーブルサンゴや波に揺れる海藻など、グレート・バリア・リーフの特徴がリアルに表現されている

シドニー港にたどり着いたマーリンとドリー。シドニーの高層ビル群やブリッジを眺めながらニモがどこにいるか、途方に暮れる

『ファインディング・ニモ』のこのシーンをチェック！

愛息ニモを探しにグレート・バリア・リーフからシドニーにかけての約2300キロの旅に出るマーリンとドリー。グレート・バリア・リーフに広がる海底の色彩の美しさやシドニーの街の様子に注目したい。

トリビアCOLUMN

環境配慮もしています

劇中でダイバーがニモを持ち帰ってしまうのだが、実は舞台となったグレート・バリア・リーフは、サンゴ礁や貝殻、そして魚の持ち帰りが禁止されている。劇中では、サンゴ礁から離れて迷子になっていると思って保護した形になっていて、のちのシーンでセリフとしても説明されているのだ。

Finding Dory
ファインディング・ドリー

ニモとマーリンがドリーを救いに施設の中に入るために、アシカに頼んでバケツに入り、鳥に運ばせるという、ドキドキのシーン

チャーリー
Charlie

ジェニー
Jenny

ドリー
Dory

物忘れの激しいドリーは、幼い頃、両親に「激流には近づいてはいけないよ」と教えられていたが、激流にのまれ迷子になってしまう

ハンク
Hank

駆け引きしながら、ドリーの手助けをするタコのハンク。海洋生物に触れるプールでは、子どもに触れられないように移動開始！

The best things happen by chance.

最もステキなことは
偶然におこるものなのよ。—ドリー

デスティニー
Destiny

ベイリー
Bailey

水族館に住んでいるジンベイザメのデスティニーとシロイルカのベイリー。ドリーとは子どもの頃から水槽のパイプ越しに過ごした仲

STORY OF Finding Dory

幼いころ両親とはぐれたドリーが記憶をヒントに、自分探しの旅に出る

ドリーは、グレートバリアリーフのサンゴ礁でニモとマーリンと一緒に暮らしていた。ある日、ドリーは自分に家族がいたことを思い出す。唯一の手掛かりは「カリフォルニアのモロ・ベイの宝石」と呼ばれる場所だ。ドリーは、ニモとマーリンの助けを借りて家族探しの旅に出る。その距離、なんと1万キロ。やっとたどり着いたものの、ドリーは海洋生物研究所の職員に捕らえられてしまう。ここは生き物を保護して海に返す施設。実はここここそが「モロ・ベイの宝石」だった。水槽に入れられたドリーはタコのハンクに助けを借りて脱出し、両親に再会する。

モントレー湾に面した自然保護区域内にあり、裏のデッキからは野生動物が海で暮らす様子が見られる。海洋生物に触れて学べる工夫も満載

アメリカ サンフランシスコ

モントレーベイ水族館

Monterey Bay Aquarium

1984年にイワシの缶詰工場を改装してオープンした水族館は、年間約180万人が来場する一大観光スポット。カリフォルニア州の固有種を中心に、550種以上、3万5000点以上の生き物を展示し、巨大な水槽の前に立てば、海底世界に迷い込んだような感覚になれる。ラッコやペンギンなどへの餌付けもお楽しみの一つ。海藻の森「ケルプフォレスト」など、映画のシーンが思い浮かぶ展示にワクワクする。

DATA

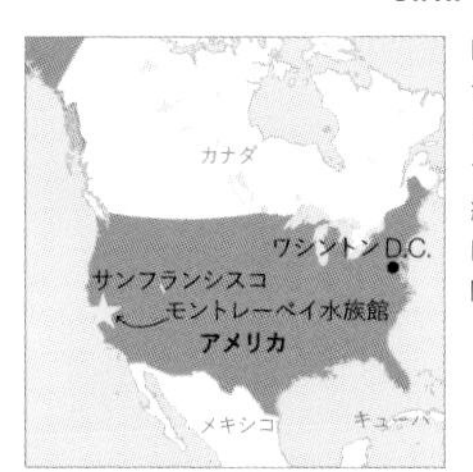

■交通：日本からアメリカ・サンフランシスコのサンフランシスコ国際空港まで直行便で約10時間。空港からバスで約3時間。
■住所：886 Cannery Row Monterey, CA 93940

ドリーが生まれ、両親が暮らしていると思われる「海洋生物研究所」。海で傷ついた海洋生物を保護し、海に戻している施設だ

『ファインディング・ドリー』のこのシーンをチェック！

「モロ・ベイの宝石」と呼ばれる海洋生物研究所は、湾に面した自然保護区にあり、建物の様子や屋外プールの形、館内の様子、海洋生物に触れて学べるなど、展示物も含めて、モントレー水族館にそっくり。

ニモとマーリンを手助けするアシカの名コンビ、フルークとラダー。ニモとマーリンを施設内に入れるために、あの手この手を使う

トリビアCOLUMN

別の役で戻ってきました！

続編の制作にあたり、声優が交代している。前作『ファインディング・ニモ』でニモの声を演じたアレクサンダー・グールドは22歳になり、声変わりもしていたことからニモの声を演じるのは困難と判断された。変わって12歳のヘイデン・ローレンスが声を担当し、グールドはカールというトラックの運転手役で登場している。

101Dalmatians
101匹わんちゃん

公園のベンチでアニータと美人ダルメシアンのパディータを見つけたポンゴは、今がチャンスとロジャーを彼女たちに引き寄せる手段をとる

ダニー
Danny

遠くの街までつながる犬のネットワークを使い、ロンドン市内に住んでいるグレートデンのダニーにも、子犬たちが誘拐されたことを知らせた

ポンゴ
Pongo

パディータ
Perdita

ギャングテレビを見ながら、一家団らんを過ごすポンゴとパディータ、そして15匹の子犬たち。これからとんでもない災難が待ち受けている

ラッキー
Lucky

胸キュンシーン

I'd never find another pair like that, not if I looked for a hundred years.

こんな素敵なカップルを見逃したら、
チャンスは二度と来ない。ーポンゴ

ジャスパー
Jasper

ホーレス
Horace

ジャスパーとホーレスは、クルエラの手下で泥棒のコンビ。あっちこっちからダルメシアンの子犬を誘拐し、街はずれの空き家に閉じ込めている

クルエラ・ド・ビル
Cruella De Vil

クルエラはアニータの旧友でファッションデザイン会社の社長。毛皮に目がなく、ダルメシアンの子犬を誘拐し毛皮でコートを作ろうと企んでいる

Lovely Character
101匹わんちゃん

STORY OF
101 Dalmatians

クルエラに子犬たちを盗まれた！ポンゴとパディータが101匹を救い出す

ダルメシアンのポンゴは売れない作家のロジャーと暮らしている。縁遠い主人にお嫁さんをと考え、美人ダルメシアンのパディータの飼い主アニータとの仲を取り持つ。ポンゴの作戦が成功すると、2人はめでたく結婚。やがて、ポンゴとパディータに15匹の子犬が産まれた。ところが以前から毛皮欲しさに子犬たちを狙っていたクルエラに誘拐されてしまった。ポンゴとパディータはロンドン中の仲間たちに助けを求め、子犬たちの救出に向かう。手下のジャスパーとホーレスの目を欺くために、子犬たちの体に煤をつけて真っ黒に変装し大脱出劇が始まる。

ロジャーとアニータ
Roger&Anita

ポンゴの大活躍で101匹の子犬を救い、一緒に暮らすことになったロジャーとアニータ。無事に戻ってきた犬たちの前で、ロジャーは得意のピアノを弾く

時計台は高さ96m。下部はレンガ造り、上部は鋳鉄の尖塔だ。独特の音色を持つ鐘は、大規模改修のため2021年まで停止されている

＼ 誰もが連想する ロンドンの景色 ／

テムズ川畔に立ち並ぶ世界遺産は 今も昔もイギリスの中心であり続ける

建物の全体は十字型で、大きなドームと2つの塔が特徴的なセント・ポール大聖堂。1981年にチャールズ皇太子と故ダイアナ妃が挙式したことでも知られている

シティ・オブ・ウェストミンスターに属するメイフェアは、ロンドンきっての高級住宅街。古典的なレンガ造りの建物が並んでいる

イギリス ロンドン

エリザベス・タワー（ビッグ・ベン）

The Elizabeth Tower(Big Ben)

▶▶ P.98

はじめて鐘の音を鳴らしたのは1859年。鐘付き4面時計としてはイギリスで最大で、直径約7mの文字盤には312個の乳白ガラスが埋め込まれている。2012年にエリザベス2世の在位60年を称えて「クロック・タワー」から改称。

イギリス ロンドン

セント・ポール大聖堂

St Paul's Cathedral

607年頃建造のイギリス国教会の大聖堂。クリストファー・レンが手掛け、1710年に完成した4代目の建物はバロック建築の傑作。豪華な装飾が施された内部は見学可能で、中央のドームまで上がるとロンドン市街を一望できる。

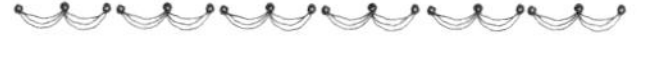

DATA

■交通：日本からイギリス・ロンドンのヒースロー空港まで約12時間30分。空港からヒースロー・エクスプレスでPaddington駅まで約20分。駅からSt. Paul's駅まで地下鉄で約25分。
■住所：St Paul's Churchyard, London EC4M 8AD

ピンクや水色などカラフルな窓枠が目を引くロンドン市内の住宅街

『101匹わんちゃん』のこのシーンをチェック！

ポンゴとパディータの子犬が誘拐された事件は、瞬く間に町じゅうに知れ渡る。セント・ポール大聖堂やウェストミンスター宮殿の時計台などロンドンの名所が映し出されるなか、街中の犬たちによる情報交換が始まる。

深い霧に包まれたエリザベス・タワー。キーンコーンカーンコーンのチャイムの音が夜空に鳴り響くなか、あちこちから犬たちの遠吠えが聞こえてくる

遠く、テムズ川超しに見える丸い屋根はセント・ポール大聖堂。ロンドンの夜空にポンゴの子犬が誘拐された情報が、犬たちの遠吠えによって知れ渡る

映画には昔ながらのロンドンの美しい街並みが度々登場する

サンダーボルトと共演！

犬たちがみんなで見ているテレビ番組の名前は「サンダーボルト・アドベンチャー・ワールド」。なかでも子犬のパッチはこの番組が大好きで、のちに映画『101匹わんちゃんII／パッチのはじめての冒険』では番組のオーディション情報をキャッチし、なんとか出場までこぎつけ、サンダーボルトと仲良くなったのである。

The Aristocats
おしゃれキャット

トゥルーズ、ベルリオーズ、マリーの母猫でダッチェスという名前は公爵夫人の意味を持つ。オレンジ色の毛並みのトーマスに手助けされて無事に家に帰る

STORY OF
The Aristocats

執事によってパリ郊外に捨てられ飼い主の家を目指すネコの冒険物語

舞台は20世紀初頭のパリ。ボンファミーユ婦人はパリのある大きな屋敷で、飼いネコのダッチェスたちを我が子のように育てていた。ある日、旧友であるオートクール弁護士を呼び寄せ、自分が死んだら、すべての財産をネコたちに相続させ、その後、執事のエドガーに渡すという遺言を作らせた。それを聞いたエドガーは、欲がくらみ、婦人にだまってネコたちに睡眠薬入りのミルクを飲ませてパリ郊外に置き去りにしてきてしまう。ダッチェス親子は、野良ネコたちの助けを借りて、波乱万丈な出来事を繰り返しながら、飼い主のボンファミーユ婦人がいる我が家を目指す。

睡眠薬入りのミルクを飲んでしまったダッチェス親子。眠っているうちに、執事のエドガーの仕業で、遠いパリ郊外に捨てられてしまう

Ladies don't start fights, but they can finish them!

レディーは争いを始めることはしないの。
でも争いを終わらせることができるのよ—マリー

野良ネコのトーマスに手助けされながら、パリにたどり着いたダッチェス親子は、古いアパートに寝泊まりしながら、家を目指すが、エドガーにまたつかまってしまう

パリの中心地に聳え立つ 高さ地上300mの鉄の巨塔

セーヌ河越しに眺めるエッフェル塔は、パリを象徴する風景で、映画にも登場する。周辺には緑豊かな公園が広がり、散策が楽しい

DATA

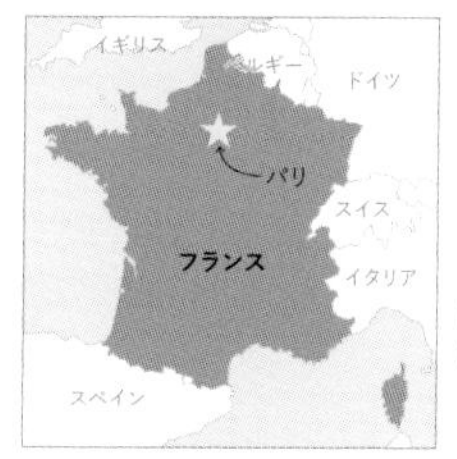

■交通：日本からフランス・パリのシャルル・ド・ゴール国際空港まで直行便で約12時間30分。空港からRER（高速鉄道)やバスで60～70分。
■ 住 所：Champs de Mars, 5Avenue Anatole France, 75007 PARIS

フランス パリ

エッフェル塔

La Tour Eiffel

第4回万国博覧会の目玉として誕生。石造りの歴史的建造物が残る多く街に、鉄塔を建てることは賛否両論を巻き起こした。当時としては世界一の高さを誇る塔で、着工から2年2カ月の1889年に完成。当初は20年で解体予定だったが、電波塔としての役割も担うことになり、現在はパリのランドマークとしてその名を馳せている。

『おしゃれキャット』の このシーンをチェック！

睡眠薬の入ったミルクを飲まされ、パリの郊外に置き去りにされたダッチェス親子。住んでいた家に帰るために、親子は各地に暮らす野良ネコの力を借りながらエッフェル塔を目印に、住んでいた家を目指す。

ダッチェス親子は、ブッシュの中を移動し、線路づたいに歩き、屋根の上を渡って、いくつもの橋を渡った。エッフェル塔が見える家はもうすぐだ

屋根の上から近くに見えるエッフェル塔も、ネコの足にはとっても遠い。目指す方向を確認して、ダッチェス親子の大冒険がはじまる

トリビアCOLUMN

一度は聞いたことがあるはず！

ウォルト・ディズニーなしで完成した初めての映画。劇中の曲「おしゃれキャット」などを作曲したロバート・シャーマンとリチャード・シャーマン兄弟は、このほかにも多数のディズニー作品に参加している。一番有名な曲はディズニーのテーマパークのアトラクション「イッツ・ア・スモールワールド」の楽曲「小さな世界」だ。

Ratatouille
レミーのおいしいレストラン

アントン・イーゴ
Anton Ego

イーゴは辛口コメントで有名な料理評論家。「愛せない料理は飲みこまない」という酷評で知られ、店の自慢料理を食べにやってくる

アルフレッド・リングイニ
Alfrdo Linguini

レミー
Rémy

リングイニのアパートの窓から見えるエッフェル塔。リングイニはレミーに助けられながら、グストーの新星として注目を浴びていく

コレット
Colette

コレットは、「グストー」で働く女性シェフ。レミーの作る料理に疑問を抱きながらも、リングイニとレミーに協力する料理人

If you focus on what you have left behind, you won't see what lies ahead.

自分が何を置き去りにしてきたかということを
考えていたら、これから何が待っているのかが
見えなくなってしまうよ―グストー

スキナー
Skinner

見習いシェフのリングイニが、大事なスープを台無しにしてしまう。レミーは思わずスープを作り直し、事なきを得るのだが、スキナーが疑っている

STORY OF Ratatouille

グルメなネズミと見習いシェフが有名レストランで奇跡を起こす

亡き天才シェフのグストーに憧れて仏料理のシェフになることを夢見るレミー。彼はずば抜けた味覚と臭覚をもつグルメなネズミだ。ある台風の日、レミーはグストーの幽霊に導かれ、花の都パリにあるレストラングストーへたどり着く。そこで出会ったのが見習いシェフのリングイニ。彼のドジで台無しになったスープをレミーが作り直したことから、二人三脚の料理作りが始まる。レミーの才能は開花し、リングイニの帽子のなかに隠れて、実力を発揮する。しかし、料理長のスキナーはリングイニの秘密を暴こうとする。最近のレストランの評判を聞き、辛口コメントの評論家イーゴが店を訪れる。

憧れのパリを象徴する華麗な“鉄の貴婦人”

エッフェル塔
La Tour Eiffel

▶ P.133

「鉄の魔術師」の異名をもつ技師、ギュスターヴ・エッフェルが設計と建設を担当した塔は、世界中に知られる特徴的なシルエット。地上57m、115m、276mにパリ市街を見渡せる3つの展望台があり、第1展望台には展示スペースや絶景レストラン、カフェ、ショップも備わる。累計入場者数3億人を突破した有数の観光スポットだ。

夜のパリに燦然と輝くその姿は、世界中の人々から憧れを集める。美しいライトアップは日没から24時まで毎日行われている

パリ郊外に仲間と暮らしていたレミー。偶然たどり着いたパリは憧れの5つ星レストランがある場所

『レミーのおいしいレストラン』のこのシーンをチェック！

ある台風の日、独り花の都パリにたどり着いたレミー。フランス料理のシェフを目指す彼にとって、パリは夢を叶えてくれる場所。レストランでの仕事が終わるとエッフェル塔が輝くパリの街を見渡せる場所に行く。

あこがれの花の都パリで、いつかシェフになることを夢見ているレミー

トリビアCOLUMN

あのメニューがキーポイント

原題は『ラタトゥイユ（Ratatouille）』。レミーがネズミ（rat）であることにかけているのと、ストーリーの中で重要な役割を果たすメニュー、ラタトゥイユ（野菜煮込み料理）からこのタイトルがつけらている。また、主人公のリングイニが新しくオープンしたビストロの店の名前も「La Ratatouille」になっているのだ。

観客に多くの感動を与える

ディズニー・アニメーションの音と映像とテクノロジー

ディズニー映画がスクリーンに登場して約100年。『蒸気船ウィリー』に始まり、
これまで数々の新境地を切り開き大勢の人々に感動を与えてきた。
作品を手掛かりに、ディズニー・アニメの魅力を紐解いてみよう。

一体一体に生命を吹き込んだ百人百様のキャラクターが続々誕生

ディズニー長編アニメが公開され57作品に至るまで、個性あふれる様々なキャラクターが生み出されてきた。そのこだわりは1作目の『白雪姫』から。透き通るような白い肌を持ち誰からも愛される白雪姫というヒロインに、美しさに執着し、白雪姫への妬みから醜い老婆にも変身する女王を悪役に置き、脇役に個性豊かな七人のこびとを採用するなど。以来、映画を作るたびに多くのプリンセスやヒーロー、そして悪役（ヴィラン）、脇役を誕生させている。誰ひとりとして同じキャラクターはいない。

1934年、ウォルト・ディズニーが最初に長編アニメにしたのはグリム童話の『白雪姫』
▶▸ P.40

シャルル・ペロー原作の『眠れる森の美女』。嫉妬深い魔女の呪いでオーロラは100年の眠りにつく
▶▸ P.56

ディズニーによって、原作に忠実に映画化されたドディ・スミスの『101匹わんちゃん』
▶▸ P.128

古代中国の伝説『花木蘭』を原作に作られたディズニー長編アニメ『ムーラン』
▶▸ P.50

原作からアニメーションへ作品の世界をディズニー流に脚色

『白雪姫』『眠れる森の美女』など、グリム童話やシャルル・ペロー童話集を原作にした「昔話」や、『ポカホンタス』『ムーラン』のように実在した英雄や歴史上の人物を主役にした「伝説」、そして「古典文学」や「現代文学」など、ディズニーは数々の名作をアニメ化してきた。普遍的な物語に、ディズニー流の解釈が加えられ、子供から大人までを物語の世界に引き込む長編アニメーションとして、誰もが知る作品となっている。

アンデルセン童話『人魚姫』は『リトル・マーメイド』になって登場した。原作では人魚姫は、水の泡となって消える
▶▸ P.34

魔法の絨毯で雲をかき分け夜空を飛ぶ『アラジン』。マルチプレーン・カメラを使用
▶▸ P.28

常に時代をリードする ディズニーのテクノロジー

遡ること1920年代、実写とアニメを合成した『アリス・コメディー』から始まって、世界初のトーキーアニメ『蒸気船ウィリー』や、世界初のカラーアニメ『花と木』など、ディズニーは常にアニメ界の時代をリードし、新しい扉を切り開いてきた。それを見た観客は、観たことのない映像に驚き、スタンディング・オベーションを贈った。さらに画面に奥行きを持たせるマルチプレーン・カメラの開発や複数のモノを描き出すゼロックス・システムも同様だ。物語を臨場感のあるシーンにするために技術の開発は止まることを知らない。

完全性にこだわった 音と映像の見事なシンクロ

日本のアニメは、一般にアフレコ（after recording）といわれる録音方法が主流になっている。先に絵を描き、それを映写しながら動きに合わせてセリフが録音される。ディズニーは、長編アニメ第1作目の『白雪姫』からプレスコ（pre-scoring）を採用していた。それは声を先に録音し、それに合わせてキャラクターを描く方法で、セリフと口の動きを完全にシンクロさせることができるのだ。すると、キャラクターに生命が宿り、よりリアルな動きを実現する。こんな点に注目して映画をみるのもおもしろい。

無断で部屋に入ったベル。野獣の怒りが迫る。『美女と野獣』
▶▸ P.12

プライドロックで未来の王シンバに語り掛ける長老のラフィキ。『ライオン・キング』
▶▸ P.114

母であるエリノアが、メリダを厳しく教育するシーン。『メリダとおそろしの森』
▶▸ P.60

CGによってシンバがヌーに追われる大群の暴走シーンを生み出した『ライオン・キング』
▶▸ P.114

アニメーションにおける CG技術の進歩

CG（コンピューター・グラフィック）を最初に取り入れたのは実写映画の『トロン』。その映像は斬新で画期的なものとなった。その後、CGは次々とアニメーションに取り入れられていった。『リトル・マーメイド』の海のシーン、『アラジン』では魔法の絨毯で目まぐるしく飛び回るシーンに採用され、『ライオン・キング』のヌーの暴走シーンなどでも威力を発揮。中でも大勝利をおさめたのが、ピクサー社の全編CG初の長編アニメ『トイ・ストーリー』。技術もさることながら、まさに伝統とテクノロジーが融合した作品となり、大ヒットを記録した。

Fantasia

ファンタジア

重厚な音と映像美に酔いしれる 画家の解釈で描かれた音楽の世界

音楽の魔術師といわれたストコフスキー指揮、フィラデルフィア管弦楽団による選び抜かれたクラシックの名曲8曲にディズニーの短編アニメーションを融合させた芸術性の高い作品。『魔法使いの弟子』でミッキーが登場するところに、だれもが親近感を覚えた。全編を通してセリフはなく、初めてステレオ音声効果を利用した、業界に革命をもたらした映画でもある。原画の枚数はなんと100万枚。60名ものアニメーターが手描きで作成した。

魔法使いイェンシッドのもとで、弟子のミッキーは修行の水くみを行っている。その水くみをほうきにやらせることに

『魔法使いの弟子』のミッキー。夢の中で魔法使いになり、まるでオーケストラのコンダクターのように波や星を自由自在に操る

さぼることに成功したミッキーは眠りについてしまう。そのうちあふれだす水に気づかず、ミッキーは溺れてしまう

映画の世界を旅する

アメリカ

フィラデルフィア管弦楽団

The Philadelphia Orchestra

1900年に創立。電機録音やラジオ・テレビ放送、メジャーオーケストラとしてのポッドキャスト演奏など、さまざまな「世界初」を記録し、数多くの海外ツアーを成功させてきた革新的な楽団だ。9～5月には、本拠地のキンメル舞台芸術センターのベライゾン・ホールで定期演奏を行う。

3代目ストコフスキー、現職のヤニック・ネゼ＝セガンほか、これまで8名が音楽監督を務めている。アメリカ5大オーケストラの1つ

DATA

■交通：日本からアメリカ・ペンシルベニアのフィラデルフィア国際空港まで乗継便で約15時間20分、空港からベライゾン・ホールまで車で約20分。

■住所：300 South Broad St., Philadelphia, PA 19102

カジモドはやさしく純粋な心を持つ青年。心から友達と呼ぶのは鐘で、20年間大聖堂の鐘を鳴らし続けいている

大聖堂の塔の上から街を眺めて暮らす日々。友達といえば生命を宿す石造のガーゴイルと鐘。カジモドはいつも自由になることを夢見ていた

判事のフロローは、道化の祭りで約束を破ったカジモドをかばったジプシーのエスメラルダを「直ちにとらえよ」とフィーバス大佐に告げる

The Hunchback of Notre Dame

ノートルダムの鐘

光を浴びて暮らしたかった男の運命に翻弄される物語

醜い容姿のカジモドは外に出ることを許されず、大聖堂の鐘つきとして孤独に暮らしていた。ある祭りの日、育ての親である最高裁判事のフロローの言いつけを破り、カジモドは塔を抜け出し、美しい踊り子のエスメラルダと出会う。民衆のさらし者にされたカジモドをエスメラルダがかばったことから、フロローは狂気に取りつかれ、彼女を軟禁状態にするのだが、逃げ出したことから広場で処刑されることに。命をかけて救うカジモド。その結末は…。

祭りでは最も醜い仮装を決めるコンテストが始まった。カジモドはステージに上がり、大衆の面前に仮装ではない醜い容姿をさらされてしまう

映画の世界を旅する

フランス パリ

|

シテ島

Ile de la Cité

パリの中心部を流れるセーヌ川。その中州であるシテ島は、紀元前250年頃にケルト民族のパリシイ人が住んだことが始まりといわれ、市内でもっとも古い歴史をもつパリ1区および4区に属している。大聖堂や教会など、パリを代表する観光スポットの宝庫だ。広場には、各地への距離を測る起点となるゼロ地点「ポワン・ゼロ」がある。

DATA

■交通：日本からフランス・パリのシャルル・ド・ゴール国際空港まで直行便で約12時間30分。空港からRER（高速鉄道）でSaint-Michel-Notre-Dame駅まで約40分。駅から徒歩約2分。
■住所：Ile de la Cité, 75001 Paris

両岸が橋で結ばれている。セーヌ川をクルージングしながら、「パリ発祥の地」といわれる美しい島を船上から眺めよう

The Emperor's New Groove
ラマになった王様

意地悪な王様が初めて知った友情 ラマと農夫の珍道中

冨と権力と美貌を兼ね備えた若き王クスコは、わがままで傲慢な性格のため、民からの信望がまるで皆無。気まぐれでクビにされたことを恨む推定年齢200歳のかつての臣下イズマの薬によって、クスコはラマの姿に変えられてしまう。袋詰めにされたあげく、城から追い出されたクスコを救ったのは農夫のパチャだった。ラマになっても王様気取りのクスコとパチャは、喧嘩ばかり。人間に戻るための道中、クスコは少しずつ成長しながら城を目指す。

農民たちが暮らす家は、1450年ごろのインカ族がペルーの山頂に建造したマチュピチュにそっくり。クスコはリゾート施設を建設予定中

1911年にアメリカ人歴史学者ハイラム・ビンガムが発見した。ユネスコの複合遺産に登録

ペルー／映画の世界を旅する
マチュピチュ *Machu Picchu*

アンデス山脈の標高約2280mの尾根にある15世紀のインカ帝国の遺跡。西側は石造りの神殿や居住区がある市街地で、総面積の半分は斜面を利用した段々畑。未だ謎の多い遺跡。

DATA

■交通：日本からペルー・クスコのアレハンドロ・ベラスコ・アステテ国際空港まで経由便で約28時間。空港からPoroy駅まで車で約20分。Poroy駅からMachu Picchu駅まで電車で約4時間。駅から入り口までバスで約30分。

The Great Mouse Detective
オリビアちゃんの大冒険

霧の街ロンドンを駆けまわる ベイカー街の小さな名コンビ

おもちゃ屋さんを営む父とふたりで暮らすネズミのオリビア。誕生日の夜、義足をつけたコウモリに父ヒーラムが誘拐されてしまう。父親を探そうと決意したオリビアは、ベイカー街の名探偵バジル、外科医のドーソン、バジルの愛犬トビーとともに捜査に乗り出すことに。

The Good Dinosaur
アーロと少年

怖さを越えていくことが生きること 種族を越えた友情の物語

体が小さく臆病な恐竜のアーロ。ある日、父の死の原因を作った人間の子どもを追いかけて、誤って川へ転落してしまう。見知らぬ場所で目を覚ましたアーロの目の前にいたのはあの人間の子スポットだった。ギザギザ山のある故郷を目指して行動を共にするなかで、言葉も通じないふたりは少しずつ心を通わせていく。

イギリス／映画の世界を旅する
エリザベス・タワー（ビッグ・ベン）
The Elizabeth Tower(Big Ben)

►► P.98

ロンドンの街でひと際存在感を放つ時計台。オーガスタ・ピュージンが手がけた文字盤は、日没後も光に照らされて美しい。時報の鐘のメロディが日本の学校のチャイムのもとになったことでも知られる（2021年まで停止）。

アメリカ／映画の世界を旅する
グランドティトン国立公園
Grand Teton National Park

アメリカの田舎町、ワイオミング州の西部に広がる国立公園。標高4197mの最高峰、グランドティトンを中心としたティトン山脈は、荒々しい断層が続くアルプスのような景観だ。麓に点在する湖に、山が反射する様子も美しい。

DATA

■交通：日本からアメリカ・ワイオミングのジャクソン・ホール空港まで経由便で約15時間、空港から基点となるJackson Holeまで車で約15分。

ディズニー・アニメーション映画 DVDリスト

何度鑑賞しても、感動と驚きを与えてくれるディズニー映画。
大好きなキャラクターや名シーンにいつでも出会えるDVD作品をご紹介。

販売元：ウォルト・ディズニー・ジャパン株式会社
オンラインストア：https://store.disney.co.jp/

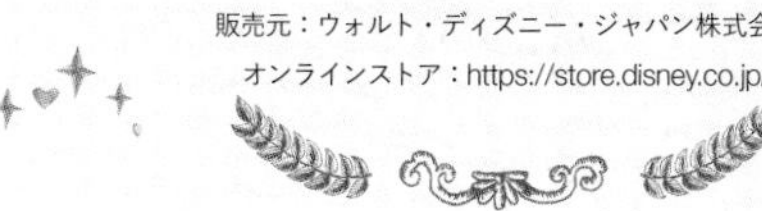

美女と野獣 MovieNEX

▶▶ P.12

【公開年】1991年
【価格】4000円＋税
【スタッフ】製作総指揮：ハワード・アシュマン　監督：ゲイリー・トゥルースデイル、カーク・ワイズ
製作：ドン・ハーン

シンデレラ ダイヤモンド・コレクション MovieNEX

▶▶ P.22

【公開年】1950年
【価格】4000円＋税
【スタッフ】製作総指揮：ウォルト・ディズニー　監督：ウィルフレッド・ジャクソン、ハミルトン・ラスク、クライド・ジェロニミ
原作：シャルル・ペロー

アラジン ダイヤモンド・コレクション MovieNEX

▶▶ P.28

【公開年】1992年
【価格】4000円＋税
【スタッフ】監督：ジョン・マスカー、ロン・クレメンツ
製作：ジョン・マスカー、ロン・クレメンツ

リトル・マーメイド ダイヤモンド・コレクション MovieNEX

▶▶ P.34

【公開年】1989年
【価格】4000円＋税
【スタッフ】監督・脚本：ジョン・マスカー、ロン・クレメンツ　製作：ハワード・アシュマン、ジョン・マスカー　原作：ハンス・クリスチャン・アンデルセン

白雪姫 MovieNEX

▶▶ P.40

【公開年】1937年
【価格】4000円＋税
【スタッフ】
監督：デヴィッド・ハンド
製作：ウォルト・ディズニー
原作：グリム童話

塔の上のラプンツェル MovieNEX

▶▶ P.44

【公開年】2010年
【価格】4000円＋税
【スタッフ】製作総指揮：ジョン・ラセター、グレン・キーン　監督：ネイサン・グレノ、バイロン・ハワード　製作：ロイ・コンリー

ムーラン MovieNEX

▶▸ P50

【公開年】1998年
【価格】4000円＋税
【スタッフ】
監督：トニー・バンクロフト、バリー・クック
製作：パム・コーツ

眠れる森の美女 ダイヤモンド・コレクション MovieNEX

▶▸ P.56

【公開年】1959年
【価格】4000円＋税
【スタッフ】
製作総指揮：ケン・ピーターソン
監督：クライド・ジェロニミ
原作：シャルル・ペロー

メリダとおそろしの森 MovieNEX

▶▸ P.60

【公開年】2012年
【価格】4000円＋税
【スタッフ】製作総指揮：ジョン・ラセター、アンドリュー・スタントン、ピート・ドクター
監督：マーク・アンドリュース、ブレンダ・チャップマン　共同監督：スティーヴ・パーセル

アナと雪の女王 MovieNEX

▶▸ P.68

【公開年】2013年
【価格】4000円＋税
【スタッフ】
製作総指揮：ジョン・ラセター
監督：クリス・バック、ジェニファー・リー
製作：ピーター・デル・ヴェッチョ

モアナと伝説の海 MovieNEX

▶▸ P.82

【公開年】2016年
【価格】4000円＋税
【スタッフ】
製作総指揮：ジョン・ラセター
監督：ジョン・マスカー、ロン・クレメンツ

リロ＆スティッチ ブルーレイ+DVDセット

▶▸ P.86

【公開年】2002年
【価格】3800円＋税
【スタッフ】
監督・脚本：
クリス・サンダース、ディーン・デュボア

ベイマックス MovieNEX

▶▸ P.90

【公開年】2014年
【価格】4000円＋税
【スタッフ】製作総指揮：ジョン・ラセター
監督：ドン・ホール、クリス・ウィリアムズ
製作：ロイ・コンリ

ピーター・パン ダイヤモンド・コレクション

▶▸ P.96

【公開年】1953年
【価格】3800円＋税
【スタッフ】監督：ハミルトン・ラスク、クライド・ジェロニミ、ウィルフレッド・ジャクソン
製作：ウォルト・ディズニー
原作：ジェームズ・M・バリー

カールじいさんの空飛ぶ家 MovieNEX

▶▸ P.100

【公開年】2009年
【価格】4000円＋税
【スタッフ】製作総指揮：ジョン・ラセター、アンドリュー・スタントン
監督：ピート・ドクター
共同監督：ボブ・ピーターソン

ディズニー・アニメーション映画 DVDリスト

くまのプーさん／完全保存版 MovieNEX

►► P.108

【公開年】1977年
【価格】4000円＋税
【スタッフ】監督：ウルフガング・ライザーマン、ジョン・ラウンズベリー　製作：ウルフガング・ライザーマン
原作：A.A.ミルン

ライオン・キング ダイヤモンド・コレクション MovieNEX

►► P.114

【公開年】1994年
【価格】4000円＋税
【スタッフ】製作総指揮：トム・シューマッカー、サラ・マッカーサー
監督：ロジャー・アラーズ、ロブ・ミンコフ

ファインディング・ニモ MovieNEX

►► P.122

【公開年】2003年
【価格】4000円＋税
【スタッフ】製作総指揮：ジョン・ラセター
監督・原案・脚本：アンドリュー・スタントン
共同監督：リー・アンクリッチ

ファインディング・ドリー MovieNEX

►► P.126

【公開年】2016年
【価格】4000円＋税
【スタッフ】
製作総指揮：ジョン・ラセター　監督：アンドリュー・スタントン　共同監督：アンガス・マクレーン

101匹わんちゃん ダイヤモンド・コレクション MovieNEX

►► P.128

【公開年】1961年
【価格】4000円＋税
【スタッフ】製作総指揮：ケン・ピーターソン　監督：ウルフガング・ライザーマン、ハミルトン・S・ラスク、クライド・ジェロニミ　原作：ドディー・スミス

おしゃれキャット スペシャル・エディション

►► P.132

【公開年】1970年
【価格】3800円＋税
【スタッフ】
監督・製作：ウルフガング・ライザーマン

レミーのおいしいレストラン MovieNEX

►► P.134

【公開年】2007年
【価格】4000円＋税
【スタッフ】
製作総指揮：ジョン・ラセター、アンドリュー・スタントン
脚本・監督：ブラッド・バード

ファンタジア ダイヤモンド・コレクション＆ファンタジア2000 ブルーレイ・セット

►► P.138

【公開年】1940年
【価格】3800円＋税
【スタッフ】
監督・製作：ベン・シャープスティーン
指揮：レオポルド・ストコフスキー

ノートルダムの鐘　MovieNEX

►► P.139

【公開年】1996年
【価格】4000円＋税
【スタッフ】監督：ゲイリー・トルースデール、カーク・ワイズ
製作：ドン・ハーン
原作：ヴィクトル・ユーゴー

ラマになった王様

►► P.140

【公開年】2000年
【価格】2,800円＋税
【スタッフ】
製作総指揮：ドン・ハーン
監督：マーク・ディンダル
製作：ランディ・フルマー

アーロと少年　MovieNEX

►► P.140

【公開年】2015年
【価格】4000円＋税
【スタッフ】
製作総指揮：ジョン・ラセター、リー・アンクリッチ、アンドリュー・スタントン
監督：ピーター・ソーン
製作：デニース・リーム

オリビアちゃんの大冒険

►► P.140

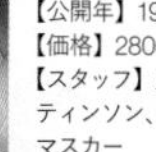

【公開年】1986年
【価格】2800円＋税
【スタッフ】監督：ロン・クレメンツ、バーニー・マティンソン、デイヴィッド・ミッチェナー、ジョン・マスカー
製作：バーニー・マティンソン
原作：イブ・タイナス

※作品の公開年はアメリカでの公開年になります

Disney

ディズニー映画の世界を旅する

新装版

初版発行　2020年9月1日
二刷発行　2023年4月1日

編集人：福本由美香
発行人：盛崎宏行
発行所：JTBパブリッシング

企画・編集　情報メディア編集部
編集・執筆　ウランティア（梅澤眞己枝／永田晶子）
小林美姫［トリビアコラム］
写真協力　aflo／123RF／getty images／iStock／
© Bayerische Schlösserverwaltung／
Anton J. Brandl, München／
Fotostudio Samer, Peter Samer, Füssen／
©Roland Beck/Burg Hohenzollern／
Castle of Chillon, Montreux／Veytaux／Ph.Berth／
Centre des monuments nationaux／
M. Eric SANDER ©／Dunnottar Castle
編集協力　長南ミサ、みゆき堂（木戸美由紀）、小林哲也
監修　ウォルト・ディズニー・ジャパン

アートディレクション　futte（瀬戸冬実）
デザイン　川岸歩
マップ　アトリエ・プラン

印刷　凸版印刷

JTBパブリッシング
〒162-8446
東京都新宿区払方町25-5
編集　☎03-6888-7878
販売　☎03-6888-7893
広告　☎03-6888-7831
https://jtbpublishing.co.jp/

224565　807201

●本書掲載のデータは2020年6月現在のものです。その後変更となることがありますので、お出かけの際には事前にご確認ください。●海外渡航に関する情報は刻々と変化しています。外務省の海外安全情報を必ず確認の上、渡航については慎重に判断するようお願いいたします。●本誌掲載の内容による損害等は、弊社では保証いたしかねますので、ご了承ください。

"A peaceful sort of day"

ISBN978-4-533-14245-1
C2026 ¥1100E

定価　本体1100円（税別）

Printed in JAPAN

Have a Nice TRIP!!